KUPPELSAALTRAUM

jovis

KUPPEL
SAAL
TRAUM

EINE PHILHARMONIE FÜR HANNOVER

[Hg.] Jörg Friedrich | Annett Mickel-Lorenz | Christoph Borchers

jovis

	7	Vorwort – Veit Görner Hannover könnte Carnegie
	8	Vorwort – Jörg Friedrich Der Kuppelsaaltraum oder: Eine Philharmonie für Hannover
NEUNZEHNHUNDERTVIERZEHN	15	Birte Rogacki HCC – Stadthalle Hannover – Kuppelsaal: Der Raum des Jahrhunderts
	23	Doris Apell-Kölmel Die Entstehungsgeschichte des Kuppelbaus – Ein Pantheon für Hannover
POTENZIALE	30	Jörg Friedrich Neue Philharmonie in Hannover – Plädoyer für eine zukunftweisende Rekonstruktion des Kuppelsaales
	44	Christoph Borchers, Annett Mickel-Lorenz Stadtbild und Stadtidentität – Die Kuppel im Stadtkörper von Hannover
	50	Gernot Kubanek Von der Theorie zur Empirie – Über die akustische Simulation gerundeter Raumstrukturen
VISIONEN	61	Simon Takasaki Der Kuppelsaaltraum – Raum in Bewegung
	71	Oliver Thiedmann Ein Modell für die Zukunft – Hannovers Kuppelsaal als Schnittmodell
ARCHITEKTUREN	87	Auer Weber Architekten, Stuttgart
	99	HPP Architekten, Düsseldorf
	107	pfp architekten, Hamburg
	122	Autoren, Bibliografie, Bildnachweis, Impressum

Veit Görner **Hannover könnte Carnegie**

„Wie sich die Bilder gleichen" singt der verliebte Tamino strahlend vor sich hin, als er von unbekannten Mächten über seinen Taschenspiegel das Video seiner hübschen zukünftigen Geliebten Pamina projiziert bekommt. Der Weg von der Vision zur Realisierung seiner Liebe war zäh, anstrengend, teilweise sogar außerordentlich gefährlich und dauerte lang, aber – er endete schließlich erfolgreich mit einer Traumhochzeit. Wie sich die Bilder gleichen: Zwei großartige Räume, zwei Architekturdenkmäler von internationalem Rang, entstanden in der Wende zum 20. Jahrhundert in Hannover. Sie haben die Zerstörungen des Zweiten Weltkriegs überlebt, um in der Nachkriegszeit seit den 60er Jahren durch architektonische Zeitgeistveränderungen kurz vor der Vernichtung zu stehen. Einer dieser Räume ist das Goseriedebad am Steintor. Der überwältigende, urbane Raumeindruck des Bades wird in vielen zeitgenössischen Fotografien beeindruckend überliefert. Wie konnte der Raum nach dem Zweiten Weltkrieg mit Zwischendecken, Zubauten und gewalttätigen Veränderungen nur so verstümmelt werden? Es dauerte lange, bis endlich, kurz vor der Jahrtausendwende, mit viel Bürgerelan und großem persönlichen Einsatz aller Beteiligten die ursprüngliche Hallenarchitektur wieder freigelegt werden und als Ausstellungsgebäude für Gegenwartskunst mutig neu genutzt werden konnte: Die kestnergesellschaft Hannover hat für ihr Engagement in einem wiederhergestellten Architekturdenkmal von Rang, in einem der schönsten Hallenräume Deutschlands ihren Ort in Hannover für die Zukunft geformt und gefunden. Tamino hätte nur etwas länger in seinen Videospiegel schauen müssen, eine andere Schöne wäre ihm gar nicht allzu weit entfernt, ebenfalls in Hannover, rasch begegnet: Der Kuppelsaal von Paul Bonatz, fertiggestellt 1914, ist bis heute der größte Konzertsaal auf dem europäischen Festland, für 3600 Besucher. Die Beschädigungen im Zweiten Weltkrieg hat er überstanden, die Schließung der imposanten Kuppel, die den Konzertraum überwölbt, die vielen Umbauten, einige brutale Abrisse muss er bis heute seit über 40 Jahren frustriert hinnehmen, verklebt mit dem Charme der 60er Jahre. „Lernen aus der Goseriede", wäre ein geeignetes Modell in der an Kulturdenkmälern nicht gerade reichen Stadt Hannover: Diese einzigartige Bonatzkuppel könnte einfach wieder sichtbarer Teil der Architektur in Hannover werden, wenn man sich trauen würde, die Bastelarbeiten der letzten 40 Jahre radikal zurückzubauen. Bonatz hatte vielleicht das Theater von Delphi als akustische Sensation vor Ohren, als er sich für eine Weinbergbestuhlung entschied. Auch sie sollte wiederhergestellt werden. Jeder, der einmal oben unter der Kuppel gestanden hat, weiß warum ich so schreibe und fühle: Dieses „Pantheon der Musik" muss einfach zur neuen „Philharmonie von Hannover" werden. Dass es überzeugende Modelle gibt, den grandiosen Bonatz'schen Kuppelraum wieder zu öffnen und zu einem zukunftweisenden Konzertsaal mit Akustik auf höchstem europäischen Niveau umzuformen, zeigen die Beiträge in diesem Buch sehr eindrucksvoll. Die freigelegte Kuppel würde nicht nur dem modernen Tamino, dem smarten Tenor, knapp 100 Jahre später endlich das Ende eines langen beschwerlichen Weges zu seiner Pamina bescheren. Es wäre der Beginn einer einzigartigen neuen Konzertsaalarchitektur für eine ganze Stadt, weit über Hannover hinaus sichtbar: „ein Bildnis, ach so strahlend, strahlend schön", singt Tamino in der *Zauberflöte*. Für die kestnergesellschaft in der Goseriede „sang" nach der erfolgreichen Rekonstruktion des Hallenraumes die *Münchener Abendzeitung*: „schönstes Ausstellungshaus Deutschlands". Aber bis Tamino unter der Bonatzkuppel singen kann, braucht er noch viel, viel Hilfe und Unterstützung. Das vorliegende beeindruckende Buch, initiiert von Jörg Friedrich und seinen Co-Herausgebern Annett Mickel-Lorenz und Christoph Borchers, zeigt, dass der Traum vom Kuppelraum Realität werden kann. Es wird damit ein wichtiger Baustein bei der Realisierung sein.

„Jeder, der einmal oben unter der Kuppel gestanden hat, weiß warum ich so schreibe und fühle: Dieses ‚Pantheon der Musik' muss einfach zur neuen ‚Philharmonie von Hannover' werden."

VORWORT

1 Venedig, Padiglione d'Italia 2014, Eingangskuppel

Jörg Friedrich **Der Kuppelsaaltraum oder: Eine Philharmonie für Hannover**

Der Gang über die Architekturbiennale „Fundamentals" in Venedig ist 2014 voller Überraschungen. Ich trete ein in den von Rem Kohlhaas gestalteten historischen Hauptpavillon, auf dem mit stolzen Lettern „Italia" geschrieben steht und bleibe stockend stehen. Nanu? Was ist denn hier passiert? Die großartig ausgeschmückte, im Giottoblau leuchtende Eingangskuppel ist zwar gleißend hell angestrahlt, der Blick auf sie nach oben ist jedoch völlig verstellt von einer halbvollendeten, kopfhoch eingefügten Zwischendecke: wohl ein billiger Nachbau der berühmten Rastertechnikdecke aus Mies van der Rohes ikonischem Seagram Building in New York von 1958. Der Blick in die Kuppel ist weg, die Ikone der Moderne verdeckt ihn auf halber Höhe wie ein unfertiges Baugerüst. Beide Projekte haben in der Überlagerung keine Chance: Der ausgemalte Kuppelraum verschwindet vor den Blicken der Besucher fast völlig und die Rasterdecke von Mies verliert in ihrem fragmentarischen, unfertigen Zustand unter dem blau durchschimmernden Kuppelbau in ihrer belanglosen, spröden Eckigkeit jegliche Eleganz, visionäre Modernität oder konstruktive Schönheit. An dieses Bild dachte ich bei den Überlegungen zur Freilegung der Bonatzkuppel im Kuppelsaal in Hannover. Der Konflikt zwischen 60er-Jahre-Abhangdeckenmoderne und klassizistischer Bonatzkuppel von 1914 macht auch in Hannover in der Überlagerung beide Epochen zu Verlierern.

Das 100-jährige Bestehen der Kuppelsaalarchitektur von Paul Bonatz in Hannover und ein Brief des Dirigenten und Komponisten Peter Ruzicka an den Herausgeber über die gegenwärtigen akustischen Zustände dort sind der Anlass für die Bestandsaufnahme und Aufarbeitung des gegenwärtigen Rezeptionsstandes des berühmten denkmalgeschützten Konzertsaales in diesem Buch. Eine aufwändige Rekonstruktion des Bonatzsaales mit geöffneter Kuppel in einem Architekturmodell im Maßstab 1:25, erarbeitet in sechs Monaten von 18 Architekturstudenten an der Fakultät für Architektur und Landschaft der Leibniz Universität in Hannover, formuliert den Einstieg für die anstehende Renovierungs- und Transformationsdebatte. Wie kann es angehen, dass dieser Kuppelraum seit 50 Jahren nicht mehr sichtbar ist? In einem parallel stattfindenden künstlerischen Entwurfsseminar überlagerten begeisterte Studentinnen und Studenten filmisch-architektonische Entwurfssequenzen im realen Kuppelobjekt. Sie ließen sich inspirieren von der Bonatzkuppel und legten in kreativen Studien mittels einer filmisch basierten Entwurfsforschung über den Kuppelraum die ungeheuer stimulierende Kraft des zurzeit noch im Inneren verhüllten Baudenkmals frei. All dies verführte immer mehr zur vertieften Beschäftigung mit der Entstehungsgeschichte des Baues, die in den Beiträgen von Dr.-Ing. Birthe Rogacki und Dr. Doris Apell-Kölmel beleuchtet wird. Die Einordnung in die Wiederaufbaugeschichte der Stadt Hannover nach dem Zweiten Weltkrieg wird in den Untersuchungen von Annett Mickel-Lorenz und Christoph Borchers vorgenommen. Eine Einladung an den Herausgeber durch das Hannover Congress Centrum (HCC) zur Entwicklung von Sanierungsmodellen des bestehenden Konzertsaales (gemeinsam mit drei anderen Architekturbüros) führte zur Ausformulierung von thesenartigen Architekturkonzepten, die sich alle um einen Kernpunkt drehen: Wie geht zeitgenössische Architektur mit diesem epochalen Raum für Musik um, wie kann die Gegenwartsarchitektur den Kuppelsaal auch für klassische Konzerte in einer angemesseneren Atmosphäre und Akustik neu und besser positionieren, um Hannover wieder an die Spitze im europäischen Konzertsaalkarussell zu bringen?

Vier unterschiedliche Lösungsansätze von vier Architekturbüros aus Deutschland, aus Düsseldorf, Stuttgart, Hannover und Hamburg, sollten unkommentiert nebeneinandergestellt werden, um die ganze Bandbreite im Disput um die Generalsanierung des Bonatzbaues und

„Wie geht zeitgenössische Architektur mit diesem epochalen Raum für Musik um, wie kann die Gegenwartsarchitektur den Kuppelsaal auch für klassische Konzerte in einer angemesseneren Atmosphäre und Akustik neu und besser positionieren, um Hannover wieder an die Spitze im europäischen Konzertsaalkarussell zu bringen?"

2 Kuppelsaal der Stadthalle Hannover im Raum- und Akustikmodell, Foto: Heiner Leiska

dessen Perspektiven für die Zukunft auszuloten und um zur Diskussion weiter anzuregen. Nicht alle, sondern nur drei Architekturbüros stellten ihre Planungsunterlagen zur Verfügung, ihnen sei für ihre Unterstützung der Publikation herzlich gedankt.

Dass dieses Buch überhaupt zustande kommen konnte, ist dem unermüdlichen wissenschaftlichen Forscherdrang und der Hartnäckigkeit der beiden Mitherausgeber Annett Mickel-Lorenz und Christoph Borchers sowie dem gesamten Redaktionsteam mit Oliver Thiedmann, Simon Takasaki, Peter Haslinger und Marion Knobloch sowie den studentischen Mitarbeitern Lesley-Anne Fischer, Povl Filip Sonne-Frederiksen und Julian Falko Johann zu verdanken. Für die Gestaltung des Buches sei Kathrin Schmuck gedankt. Ohne die Modellarbeit der international zusammengesetzten Studierendengruppe wäre das „Bonatz-Hannover-Kuppelprojekt" in dieser Form nie zustande gekommen.

Ich danke Oliver Thiedmann für seine unermüdliche, motivierende und fachlich hervorragende Leitung des Modellbauseminars, dem Leiter unseres Modellbaustudios, Hartmut Brückner, für die ständige geduldige Unterstützung der Studierenden in allen Leidensphasen sowie Simon Takasaki für die Betreuung und Entwicklung der filmischen Entwurfssequenzen in einem packenden Entwurfsseminar.

Dank sei allen Autorinnen und Autoren für ihre Beiträge gesagt: Dr.-Ing. Birthe Rogacki, besonders auch der Bonatzforscherin Frau Dr. Doris Apell-Kölmel, die mit ihrer Dissertation über den Kuppelbau bereits vor vielen Jahren ein bis heute gültiges Standardwerk über die Arbeit von Paul Bonatz in Hannover geschrieben hat, sowie Gernot Kubanek für seinen Beitrag zur Raumakustik in Kuppelbauten. Dank sei auch den Fotografen: Heiner Leiska aus Hamburg für seine – allmählich Kultstatus erreichende – Kunst der Modellbaufotografie und auch Ernst-Udo Hartmann, ebenfalls für seine Fotoaufnahmen des Kuppelmodells. Herzlichen Dank an die Mitarbeiter des Niedersächsisches Landesamts für Denkmalpflege, des Historischen Museums Hannover, des Stadtarchivs Hannover, der Geoinformation Hannover, der Presse- und Öffentlichkeitsarbeit der Landeshauptstadt Hannover, des HCCs sowie des Büros für urbane Prozesse Berlin für die große Unterstützung bei der Beschaffung von Bildern und Bildrechten.

Die Sanierung des Kuppelsaales wird Geld kosten, das Saalmodell und diese Publikation natürlich genauso. Deshalb geht unser besonderer Dank an die großzügige finanzielle Unterstützung des Projektes durch Prof. Dr. Jörg Sennheiser und sein Unternehmen, das auch die zukünftigen Messungen am Modell weiter fördern wird. Der Dank geht an das HCC Hannover und seinen Geschäftsführer Frank König für jegliche Unterstützung und für die Ausstellung des Modells zur Einhundertjahrfeier der Bonatzkuppel am Originalstandort. Sein hervorragendes, oft Studentenleben rettendes HCC-Catering in Stresszeiten der Modellbearbeitung wird allen in Erinnerung bleiben. Dank an die Fakultät für Architektur und Landschaft der Leibniz Universität in Hannover für die großzügige Förderung des Projektes, auch im Rahmen des fakultätsinternen wissenschaftlichen Förderprogrammes AULET.

Jochen Visscher, Philipp Sperrle (Lektorat) und Susanne Rösler (Herstellung) vom jovis Verlag sei gedankt für ihre fachkundige Unterstützung bei der Produktion des Buches.

Schön wäre es, wenn die neue Begeisterung für den Bonatzbau in Hannover aus den Lösungsvorschlägen in diesem Buch hinüberwehen könnte zu den Bürgerinnen und Bürger der Stadt Hannover, in die Politik von Stadt und Land, um – für Hannover doch recht schnell, immerhin schon nach 50 Jahren – endlich wieder gemeinsam sagen zu können: Macht die Kuppel frei!

Also: Macht die Kuppel frei!

„Also: Macht die Kuppel frei!"

NEUNZEHNHUNDERTVIERZEHN

Birte Rogacki
HCC – Stadthalle Hannover – Kuppelsaal: Der Raum des Jahrhunderts

Doris Apell-Kölmel
Die Entstehungsgeschichte des Kuppelbaus – Ein Pantheon für Hannover

NEUNZEHNHUNDERTVIERZEHN

Birte Rogacki **HCC – Stadthalle Hannover – Kuppelsaal: Der Raum des Jahrhunderts**

Der Kuppelsaal ist das Herzstück des Hannover Congress Centrums. Er wird in diesem Jahr (2014) 100 Jahre alt, wobei von seiner ursprünglichen Gestaltung im heutigen Raum nicht mehr viel erkennbar ist, nachdem er verschiedene Bau-, Zerstörungs- und Entwicklungsphasen durchlaufen hat.

Mit dem Bau einer Stadthalle wollte man um 1900 in Hannover einem bereits Jahrzehnte lang währenden Übel – dem Fehlen eines großen, repräsentativen Konzertsaales – zu Leibe rücken. Nach der Ausschreibung eines groß angelegten Architektenwettbewerbs im Jahr 1910, in dem eine Stadthalle für „Musikaufführungen, Kongresse, Versammlungen und festliche Veranstaltungen" mit einem zentralen Veranstaltungsraum „mit 3500 Sitzplätzen und einem ansteigenden Podium für 80 bis 120 Musiker und 400 bis 600 Sänger" (Apell-Kölmel 1987: 70) gefordert wurde, erhielten die – damals noch recht jungen – Architekten Paul Bonatz und Friedrich Eugen Scholer aus Stuttgart den Auftrag, ihren Wettbewerbsentwurf mit dem mächtigen zentralen Kuppelbau zu verwirklichen (Abb. 3). „Herausragendes Zentrum der Stadthalle ist der ‚Rundbau', ein zylindrischer Baukörper mit Ringpultdach, überragt von einem überkuppelten Tambour. Mittelpunkt dieses Baukörpers ist der kreisrunde Große Saal, um den in drei Stockwerken Wandelgänge mit Garderoben und Treppen gelegt sind." (Apell-Kölmel 1987: 80) Im Februar 1912 wurde mit dem Bau begonnen (*Festbuch* 1914, S. 21).

Zum Inneren des Kuppelsaales, das ab 1913 gestaltet wurde, wird im Festbuch Folgendes bemerkt: Der Kuppelsaal „hat zwischen den Säulen gemessen einen Durchmesser von 42 ½ Metern und das gleiche Maß als lichte Höhe. An den Säulenkranz schließt sich eine ringsum laufende Galerie von 9 Metern Tiefe an, die nochmals durch 5 Meter tiefe logenartige Nischen erweitert wird. Der größte lichte Durchmesser beträgt demnach 70 ½ Meter. In der Höhe von 5 Metern über dem Saalfußboden ragt ein 5 Meter tiefer Balkon in das Saalinnere hinein; er hat fünf im Verhältnis von 40 zu 85 Zentimetern ansteigende Sitzreihen. In gleichem Verhältnis steigen von den Säulen gegen die Peripherie hin 14 weitere Sitzreihen an, so daß sich die Gesamtanlage vom Balkon an aufwärts als Amphitheater darstellt. Dieses kann durch einen entfernbaren Einbau bis zum Saalfußboden hinunter verlängert werden. Der Einbau enthält nochmals acht Sitzstufen, von denen die drei oberen als Logen ausgebildet sind. Das ganze Amphitheater hat demnach 27 Stufen mit einer Gesamthöhe von 12 Metern und einer Ringtiefe von 25 Metern. Im Innern bleibt noch ein ebener Kreis von 20 Metern Durchmesser frei, der bei dramatischen Vorführungen als Orchestra oder aber mit leicht ansteigendem entfernbaren Boden als Parkett für weitere Zuschauerplätze verwendet werden kann. (…) Die in den Saalkern fallenden Plätze, die in ähnlicher Weise ansteigen wie die der Musiker und Sänger, sind entfernbar." (*Festbuch* 1914: 29f.) Die Architektur beeindruckte von Anfang an. Das festliche Ambiente des Kuppelsaals (Abb. 4) wurde bestimmt von vorwiegend weißen Elementen (Säulen, Kassettendecke, Grundfarbe der Wände), die kombiniert wurden mit farblich akzentuierten Details wie dem schwarz polierten Holz und den mattroten Bezügen der Sitzplätze, den violetten Vorhängen zur Verkleinerung des Auditoriums und einem Zyklus von Wandstuckaturen (Abb. 4 und 5). Drei Künstler waren an der Ausgestaltung des Kuppelsaals beteiligt und zwar der Kunstmaler Wilhelm Köppen und die Bildhauer Widmann und Neumeister, die alle dem Stuttgarter Umfeld der Architekten entstammten. „Alle drei dekorativen Künstler waren an der Ausschmückung des großen Kuppelsaals beteiligt. Von Neumeister rühren die Stukkaturen her, die Kassetten, die Profilierung des Hauptgesimses und die schönen, von fern an ägyptische Bekrönungen gemahnenden Kapitele der Säulen, die leicht und frei die Kuppel tragen, und zwischen

3 Die hannoversche Stadthalle kurz vor der Fertigstellung, 1913
4 Innenraum 1914, Blick nach Norden (Lichtgöttin)
5 Innenraum 1914, Blick vom Rang hinter den Säulen bis in das Kuppeloberlicht

„Einen ganz gewaltigen Eindruck macht der eigentliche Kuppelsaal. Hochauf ragen die mächtigen Säulen (...). Über dem Saale wölbt sich die auf den Säulen ruhende riesenhafte Kuppel (...). Das ist ein geradezu grandioser Anblick!"

deren weitgemessenen Abständen ansteigende Sitzreihen des Umgangs und in den Wänden der Rundung Logen sichtbar werden. Über den Logenöffnungen hat Widmann in feinem flachen Relief die Monatszeichen angebracht: Unter einem flachen Giebel, der dekoratives Motiv und Logenöffnung zusammenschließt, steht das Tierkreiszeichen, frei, aber doch mit der Notwendigkeit gerade an diesem Platze; die darunter gesetzte Schrift gibt den waagerechten Abschluß nach unten. Dem Rednerpulte gegenüber ragt an Stelle einer Logenöffnung eine geschlossene Wand. Hier hat Köppen unter einem Giebel (...) die monumentale Gestalt der ‚Lichtgöttin' (Abb. 4) in flachem Stuckrelief eingefügt (...)." (Hildebrandt 1915: 29)

Von Beginn an wurde also besondere Rücksicht auf eine möglichst hohe Flexibilität in der Ausnutzung des Kuppelsaals genommen. Der Kuppelsaal war mit einer anpassungsfähigen Bestuhlung und mit je nach Bedarf ab- und umbaubaren Podien versehen. Insgesamt konnten bis zu 3500 Zuschauer und 750 Musiker untergebracht werden.

Die feierliche Einweihung der Stadthalle Hannover fand in den Tagen vom 10. bis 12. Juni 1914 statt (*Festbuch* 1914: 49ff.). Von der Monumentalität und der Schönheit des Baus war man allgemein begeistert, v.a. überzeugte das Zentrum der Stadthalle, der große Kuppelsaal: „Einen ganz gewaltigen Eindruck macht der eigentliche Kuppelsaal. Hochauf ragen die mächtigen Säulen (...). Über dem Saale wölbt sich die auf den Säulen ruhende riesenhafte Kuppel (...). Das ist ein geradezu grandioser Anblick!" (Spengemann 1914)

Nur die Akustik konnte von Anfang an nicht komplett überzeugen, was natürlich ein erhebliches Manko für einen vorwiegend als Konzertsaal geplanten Raum darstellte. Neben einigen guten akustischen Elementen – so füllte die in den Kuppelsaal eingebaute Orgel den Raum sehr gut aus (Egidi 1915, S. 5) – gab es zahlreiche Probleme mit „unangenehme[n] Schallbrechungen und Echowirkungen, (...), die naturgemäß störend wirkten." (Tönjes 1914: 463)

Von Anbeginn an war die Multifunktionalität des Stadthallenensembles, insbesondere aber auch des Kuppelsaals von großer Bedeutung: „Die Verwendbarkeit des Kuppelsaales ist außerordentlich mannigfach." (*Die Stadthalle* 1914: 114) Genutzt wurde er zu verschiedenen Veranstaltungen. Nach der drei Tage währenden Einweihungsfeier, die vor allem als großes „Musikfest" gestaltet war, fanden hier zahlreiche Darbietungen statt, deren Vielfalt von großen Chor-, Orchester-, Orgelkonzerten über Sportereignisse wie Boxkämpfe, Turnfeste etc. bis hin zu politischen Versammlungen, Treffen der Wirtschaft und von Vereinen und Festen wie Sängerfeste, Parteitage und Jahreshauptversammlungen großer Firmen reichte. Und trotz des Einschnitts durch den wenige Wochen nach der Einweihung der Stadthalle beginnenden Ersten Weltkrieg war der neue Bau auf der Neuen Bult schnell zu einem großen Anziehungspunkt für die Hannoveraner geworden (Abb. 6). Gottfried Benn, der in den 20er Jahren in Hannover lebte, berichtet davon: „Ich war fast jeden Abend in der Stadthalle, meiner neuesten Schwärmerei ..." (Gottfried Benn am 17.7.1935 an einen Freund, NP 1995). Auch Fotos, die in dieser Zeit aufgenommen wurden, zeigen häufig große Menschenansammlungen, sodass man wohl generell von einer guten Annahme des neuen Baus sprechen kann. Die JADEGA (Jahresschau Deutscher Gartenkultur), die im Jahr 1933 im Stadtpark an der Stadthalle stattfand und zu deren Anlass derselbe beträchtlich vergrößert wurde (Rogacki-Thiemann 2013: 7f.), wertete die Gesamtanlage weiter auf. Den nächsten Einschnitt bedeutete für den Kuppelsaal, der während der NS-Herrschaft vielfach und rege zu Großveranstaltungen aller Art genutzt worden war, dann seine teilweise Zerstörung in den Jahren 1943 und 1945. Die erhaltenen „Anträge auf Entschädigung entgangener Nutzungen infolge eines Kriegsschadens" inklusive einer „Schadensaufstellung" (Stadtarchiv Hannover, HR 10 Nr. 532) beziffern 1946 die am 9. Oktober 1943 und am 25. und 28. März 1945 erlittenen Schäden für den Kuppelsaal mit 90 Prozent. Zuvor hatte schon am 23. September 1943 eine von drei auf das Grundstück der Stadthalle Hannover niedergegangenen

6 Innenraum 1925, während eines Konzertes

„Die Wiederherstellung der Stadthalle interessiert ihn sehr. Wenn auch an der äußeren Gestalt des Baues nichts zu ändern ist, glaubt er bestimmt, daß er dem Innenraum zugleich mit einer einwandfreien Akustik ein ganz neues architektonisches Gesicht geben kann."

7 Das Innere des Kuppelsaales zum Ende des Zweiten Weltkrieges, ca. 1945/46; Blick nach Südwest
8 Der hannoversche Kuppelsaal nach der Beräumung, 1946
9 Das Sternkreiszeichen des Löwen, die Nischendecke mit Stuck, die Wandleuchten, ca. 1945/46

Sprengbomben eine Kellerwand zerstört. Ein Nachtrag vom Oktober 1947 beziffert die „Wiederaufbaukosten [auf] 4.187.539,-- RM" (Stadtarchiv Hannover, HR 10 Nr. 532). Im Juli 1947 mussten „der etwa 80 cm hohe und 40 cm starke Betonkranz [der ehemaligen Kuppel] von einer Baufirma entfernt" (Stadtarchiv Hannover, HR 13 Nr. 196, Aktenvermerk, 16.11.1946) und alle „nach Ansicht des Bauaufsichtsamtes gefährdeten Bauteile der Stadthalle (...) abgetragen" (Stadtarchiv Hannover, HR 13 Nr. 196, 12.07.1947) werden.

Eine ordentliche Bestandsaufnahme – was unwiederbringlich verloren und was noch vorhanden und gegebenenfalls auch weiter nutzbar war – fehlt für die Räume der Stadthalle. Eine „Körperliche Bestandsaufnahme auf Grund Art. IX des Gesetzes Nr. 64 vom 22.6.48" (Stadtarchiv Hannover, HR 10 Nr. 472, 15.07.1948) bezeichnet mit „Stichtag 19.6.1948" den „Kuppelsaal [als] stark beschädigt, unbenutzbar." Die wenigen Fotos der unmittelbaren Nachkriegszeit zeigen die in großen Teilen zerstörte Kuppel und deren daher stark in Mitleidenschaft gezogene Kassettendecke sowie die massiven Zerstörungen der Westseite der ehemaligen Orgelnische (Abb. 7 und 9). Die Innenausstattung des Kuppelsaals war, wie aus diesen Bildern ersichtlich wird, damit weitgehend zerstört, die eigentliche Raumdisposition, die Säulen und oberen Ränge mit ihren Wandstuckaturen und sogar den Lampen jedoch in großen Teilen erhalten. Die Wiederaufbauplanungen, die unmittelbar nach Kriegsende einsetzten, hatten dennoch – bedingt durch die zwölfjährige Diktatur und die generelle Ablehnung aller Elemente (Kunst, Kultur, Architektur, Symmetrien etc.), die auch nur geringfügig einen Bezug zu Althergebrachtem erlaubten – einen anderen Fokus, der bei der Stadthalle Hannover interessanterweise auch ganz wesentlich von ihrem Erbauer, Paul Bonatz, der sich 1948 in seinem 72. Lebensjahr befand, mitbestimmt wurde.

Am 23. September 1948 meldete sich Paul Bonatz mit einem Brief (Stadtarchiv Hannover, Handakten Hillebrecht Nr. 1162, Bonatz an Hillebrecht, 23.08.1948) beim damaligen hannoverschen Stadtbaurat Rudolf Hillebrecht, um seine Hilfe beim Wiederaufbau des Kuppelsaales anzubieten. Hillebrecht schickte daraufhin seinen Mitarbeiter im Amt, Hans Bettex, nach Bayern, um dort ein persönliches Gespräch mit Paul Bonatz, der seit 1943 in der Türkei lebte und immer nur sporadisch in Deutschland weilte, zu führen. Bettex berichtete an Hillebrecht: „Die Wiederherstellung der Stadthalle interessiert ihn sehr. Wenn auch an der äußeren Gestalt des Baues nichts zu ändern ist, glaubt er bestimmt, daß er dem Innenraum zugleich mit einer einwandfreien Akustik ein ganz neues architektonisches Gesicht geben kann." (Stadtarchiv Hannover, Handakten Hillebrecht Nr. 1162, Bettex an Hillebrecht, 03.10.1948) Zudem gab Bonatz Bettex zwei erste Skizzen für die Wiederaufbauplanung des Kuppelsaales mit, die Bettex Hillebrecht gegenüber wie folgt erläuterte: „Bonatz denkt sich über dem Gesims der jetzt vorhandenen runden Säulen noch ein Stück senkrechter Wand (etwa in der Höhe der untersten Kassettenreihe), die eine reiche Gliederung in Stuck haben könnte. Darüber eine nicht ganz horizontale, sondern nach innen etwas ansteigende Decke, die, möglichst leicht konstruiert, im Fuß der eisernen Kuppelkonstruktion verankert werden könnte, so daß eine Aufhängung am Druckring der Kuppel nur noch zusätzlich nötig wäre und die Kuppel dadurch nicht wesentlich belastet würde. Die Lichtöffnung in der Mitte nicht mit Glas, sondern durch ein leichtes Gitter geschlossen, das allerdings auch als akustischer Abschluß des Raumes wirken müßte. Den vorhandenen Säulen möchte Bonatz die korinthischen Kapitäle nehmen und sie durch ganz flache, dünn profilierte ‚toskanische' ersetzen, die Säulenschäfte evtl. polygonal (12-eckig) ausbilden, um die Höhe und Schlankheit möglichst zu steigern. Im Übrigen das Detail durch Wegnehmen und Ergänzen ganz neu gestalten, so daß sich dem erstaunten Hannoveraner in der von außen ‚alten' Stadthalle innen ein völlig neuer Raum mit guter Akustik darbieten würde." (Stadtarchiv Hannover, Handakten Hillebrecht Nr. 1162, Bettex an Hillebrecht, 03.10.1948)

Man erkennt, dass Bonatz unter dem Vorwurf der schlechten Akustik anscheinend gelitten hatte und die Abschaffung des alten Übels nun als einen zentralen Punkt des Wiederaufbaus begriff. Den großen Kuppelraum von innen sichtbar zu belassen, scheint Bonatz schon zu diesem frühen Zeitpunkt (fast) aufgegeben zu haben. Man erkennt in den verschiedenen erhaltenen Entwürfen stattdessen meist flache, nur leicht zur Mitte ansteigende (Holz?-)Decken, abgehängte Deckenelemente und ähnliches (Abb. 10). Bis zu seinem Tod im Jahre 1956 stand Bonatz in ständigem Austausch mit Hillebrecht und entwarf zahlreiche Varianten, sowohl was die äußere Gestaltung der Kuppel als auch den inneren Ausbau des Kuppelsaals betrifft. Geld war bis 1950 zunächst nur für die Reparatur und Schließung der Kuppel aufzutreiben. Dies geschah bis zur Ersten Bundesgartenschau der Bundesrepublik Deutschland im Jahr 1951 in Hannover zunächst als Notvariante, dann folgte 1953 deren Sanierung (Stadtarchiv Hannover, HR 13 Nr. 196) in durch Bonatz leicht veränderter Kubatur mit einem erhöhten Tambour und einem dadurch flacher geneigten Ringpultdach.

Das Innere des Kuppelsaals wurde zu diesem Zeitpunkt provisorisch wieder hergerichtet. Auf den wenigen erhaltenen Aufnahmen aus dieser Zeit erkennt man noch deutlich die Überreste der ursprünglichen Wandgestaltung (Abb. 11): Die alten Säulenkapitelle waren zu diesem Zeitpunkt – den Wünschen Bonatz' entsprechend – bereits abgeschlagen und sehr minimiert und vereinfacht erneuert worden, die Basen waren entfernt und die Säulensockel stehen roh und in ursprünglicher Quaderform da. Die ursprüngliche Wandverkleidung im Erdgeschoss (weiß, Stuck, Kassettierung) scheint zumindest auf der Nordseite ebenso wie die Saaltüren erhalten zu sein. Die die ehemalige Orgelnische begrenzenden Wände mit Fenstertür und Ovalfenster waren 1953 noch vorhanden – die östliche Wand ist vermutlich original (auch die nach Osten führende Tür scheint eine originale Kassettentür zu sein), die westliche dagegen vermutlich in der alten Form wieder aufgebaut worden. Bonatz' Hauptanliegen in den 50er Jahren war eine deutlich nüchternere, aber optimierte und akustisch einwandfreie Innenraumgestaltung, wofür er mehrere Dutzend Entwürfe und Teilentwürfe anfertigte (Rogacki-Thiemann 2010: 171ff.). Aus Kostengründen wurden zu Bonatz' Lebzeiten wie erwähnt nur die Säulen saniert (Abnahme von Basen und Kapitellen, Vereinfachung der Kapitelle), ein einfacher schmaler Betonringbalken darüber gelegt und der Raum mit einfachen Mitteln wieder nutzbar gemacht.

Natürlich gab es auch noch in den späteren 50er Jahren zahlreiche Überlegungen zum dringend notwendigen Innenausbau des Kuppelsaals (Archiv der Bauverwaltung, Stadthalle 03, 11.01.1956). Richtig Bewegung kam jedoch erst Anfang der 60er Jahre wieder in das Bauvorhaben, als der Architekt Ernst Zinsser (in Zusammenarbeit mit der Architektengemeinschaft Brandes) mit der Sanierung des gesamten Stadthallenensembles beauftragt wurde. Zinsser hatte bereits 1950/51 zur Ersten Bundesgartenschau die Südseite der Stadthalle mit dem Restauranttrakt neu gestaltet und stand somit vermutlich auch im Kontakt zu Bonatz, der wie bereits erwähnt zwischen 1949 und 1953 im Rahmen der ersten Wiederherstellung der Kuppel hier beschäftigt war. Ein einziges Zusammentreffen kann belegt werden: Im Februar 1951 bittet Bonatz explizit um die Teilnahme von Zinsser bei einer Besprechung den Kuppelsaal betreffend (Stadtarchiv Hannover, Handakten Hillebrecht Nr. 1162, Pappdeckel 3, Bonatz an Hillebrecht, 09.02.1951). Überliefert ist außerdem die von Bonatz vorgeschlagene Abnahme der Stuckverzierungen der Südfassade, die von Zinsser ausgeführt wurde (Stadtarchiv Hannover, Handakten Hillebrecht Nr. 1162, Bl. 22: „Die zwei verschiedenen Proben werden uns belehren, welches der richtige Weg ist. Auf alle Fälle fort vom Stuckschwulst der Zeit vor 40 Jahren, zu einfachster zartester Klassik hin.", 1952).

Der Kuppelsaal stand nun wiederum im Fokus des Interesses der Hannoveraner: „Nicht weniger als 6235 Quadratmeter Raumfläche werden von den baulichen Veränderungen

10 Skizze von Bonatz zur Neugestaltung des Kuppelsaales, 03.10.1948
11 Der Kuppelsaal nach 1953, Blick nach Süden (Bildcollage)

betroffen und müssen neu gestaltet werden." (*Riesen-Ring* 1961) „Am Rohbau der Kuppelhalle wird nichts verändert. Auch die Schrägränge bleiben rohbaumäßig erhalten. Man wird jedoch im Parkett einen neuen Ring einziehen; ferner etwa in der Höhe, in der das Nesseltuch gespannt war, eine neue Decke einbauen und den Fußboden des Saales mit gutem Parkett belegen." (*Wieder Kuppelsaal* 1961)

Man begann 1961 mit vorbereitenden Maßnahmen, was im Wesentlichen zunächst den Abbruch der provisorischen Zwischendecke bedeutete und sich bis ins Frühjahr 1961 hinzog (*Abbruch und Aufbau* 1961). Anschließend folgte die Innenraumgestaltung:

„Einbauten im Bereich der öffentlichen Zone:
Zwischen Parkett und Rang wird eine Zwischenebene, der Balkon, eingebaut. Der Rang wird zum voll umlaufenden Ring ergänzt und so umgebaut, dass man auf ihm an Tischen sitzen kann. Galerie und Nischen bleiben im Wesentlichen unverändert.
Einbauten für den internen Betrieb:
Unter dem Balkon hinter dem Hochparkett werden Räume für Dolmetscher-Anlage, Steuerung, Funk, Fernsehen und Presse eingebaut.
Podium:
Das Podium ist gestaffelt. Die vorderen Teile sind in den Vertikalen verstellbar. Der Aufbau für den Chor und die evtl. Erweiterung in das Parkett für das Orchester wird durch Praktikabel hergestellt.
Akustische Massnahmen:
Eingehängter leichter Schirm aus schallreflektierenden Elementen. Schalldeckel über dem Podium, etwa in Form des Podiums. Verstellbare Elemente (reflektierend und schluckend) oberhalb der Nischenöffnungen. Polsterung der Stühle." (Archiv der Bauverwaltung, Stadthalle 01, Baubeschreibung [Ausschnitt], 25.07.1961)

Die farbliche Gestaltung wurde im Dezember 1961 wie folgt festgelegt:

„Umbau Stadthalle: Herr Dipl.-Ing. Böhme vom Büro Prof. Zinsser hat mich heute angerufen und mir mitgeteilt, dass die Farbgestaltung im Kuppelsaal der Stadthalle nunmehr mit Herrn Prof. Zinsser abgesprochen (…) sei: Säulen: schwarz glänzend; Vorhang: hell- oder mittelgrau; Plastische Wand hinter dem Podium: etwa wie Vorhang, evtl. glänzend; Decke hinter den Säulen: dunkel blau – grau (Farbe aus Blaufalter) Natursteinverkleidung; Holzvertäfelung: mahagoni, dunkel rot – braun; Fußboden: auf den Tribünen, dem Rang und dem Balkon: schwarz; Parkett: dunkel braun – schwarz" (Archiv der Bauverwaltung, Stadthalle 06, 29.12.1961)

Die ziemlich gravierenden Veränderungen, deren Fokus natürlich auch eine verbesserte Akustik im Kuppelsaal war, gipfelten 1962 mit dem Einzug der akustisch wirksamen Zwischendecke und dem Schalldeckel über dem Podium. Als Akustiker war Heinrich Keilholz tätig, der Schallreflektor wurde entworfen vom Bremer Ingenieur Johann Cassens. „Er ließ den größten Schallreflektor bauen, der bisher hergestellt wurde" (*Licht aus dem Schallreflektor* 1962), statisch berechnet von der Firma Focke-Wulf (Flugzeugbau) und gefertigt von der Firma Weser-Flugzeugbau aus Bremen. „Material – Aluminium – und Konstruktionsmerkmale wurden vom Flugzeugbau übernommen." (*Licht aus dem Schallreflektor* 1962). Montiert wurde der Schallreflektor im Juni 1962.

Bei den Umbaumaßnahmen der 60er Jahre wurden also die optimale Akustik und ihre mögliche Erreichbarkeit zum zentralen Entwurfsmotiv. Anders als bei Bonatz, der trotz aller Bemühungen um eine gute Akustik doch immer stark das eigentlich Ästhetische des Raumeindrucks vor Augen hatte, waren nun die nach dem neuesten Stand der Technik gestaltete Akustikdecke und der große Schallkörper über dem Podium das zentrale Motiv: „Der Besucher

12 Die Vorarbeiten im „nackten" Kuppelsaal, 1961
13a Der umgestaltete Kuppelsaal mit Schallreflektor, 1964
13b Der Kuppelsaal, 1998

„Die Kuppel, die seit den 60er Jahren in ihren Ausmaßen nahezu halbiert ist, ist von innen derzeit nur durch eine Begehung des Dachraumes erlebbar, wozu der normale Besucher aber in der Regel keine Möglichkeit hat. Ohne Frage ist sie aber die eigentliche Besonderheit des Baus, was man natürlich auch an der bis heute gebräuchlichen Bezeichnung ‚Kuppelsaal' nachvollziehen kann. Die Ursprungsidee von Paul Bonatz und Friedrich Eugen Scholer ist eine absolut großartige Architektur mit (nahezu) Alleinstellungsmerkmal."

Ausgeführte Umgestaltung, Zustand 2011

sieht nur viele große und kleine weiße Platten, in verschiedenen Neigungen angebracht, um den Schall in alle Richtungen zu zerstreuen. Sie verdecken die fast grazile Trägerkonstruktion, die sich elegant zur Kuppelhöhe schwingt und an den Bug eines Zeppelins erinnert. Sie ist jedoch nicht von einer Flugzeugfirma gebaut wie der große Schallreflektor über der Bühne. Dieser aus Leichtmetall bestehende dunkle Schirm gleicht mit den eingebauten Lichtkörpern einem sterneübersäten Nachthimmel. Der Akustik und dem Klangbild dienen auch verstellbare Flächen, die Lautsprecher in den sieben kristallenen Kronleuchtern und die Kommandozentrale mit dem den Laien verwirrenden Regietisch im Parkett und der dahinter befindlichen Verstärkerzentrale." (*Schmuckstück der Technik* 1962)

Bei der genaueren Analyse der Zinsser'schen Ein- und Umbauten wird allerdings klar, dass Zinsser durchaus Respekt vor dem ursprünglichen Zustand des Kuppelsaals hatte und anscheinend auch, wo möglich, um den Erhalt von Bau- und Ausstattungssubstanz bemüht war; dies zeigt sich zum Beispiel in den vorgezogenen Wandverkleidungen und abgehängten Decken des Kuppelsaals, hinter und über denen sich alte Stuckelemente und ähnliches erhalten haben; was sich im Übrigen auch bei der Untersuchung anlässlich der Sanierung der Umgänge, der Gesellschaftsräume etc. immer wieder offenbart hat (Rogacki-Thiemann 2011 unv.). Ebenso erkennbar wird die deutliche Bezugnahme der neuen Architektur auf alte Formen und Merkmale des Ursprungsbaus (in diesen Bereich gehört zum Beispiel auch die Akustikdecke, die ganz eindeutig die alten Kassetten und das ehemals vorhandene Oberlicht widerspiegelt.

Natürlich gab es seit den 60er Jahren die üblichen Revisions- und Reparaturmaßnahmen. Ein etwas größer geplanter Umbau in den 90er Jahren (gefördert von der Sparkassenstiftung) brachte im Endergebnis als wesentliche Umgestaltung neue Innenraumfarben (heller Akustikschirm, helle Säulen). Tatsächliche, gravierende Umänderungen haben seit dem Zinsser/Brandes-Umbau nicht mehr stattgefunden.

Die Kuppel, die seit den 60er Jahren in ihren Ausmaßen nahezu halbiert ist, ist von innen derzeit nur durch eine Begehung des Dachraumes erlebbar, wozu der normale Besucher aber in der Regel keine Möglichkeit hat. Ohne Frage ist sie aber die eigentliche Besonderheit des Baus, was man natürlich auch an der bis heute gebräuchlichen Bezeichnung „Kuppelsaal" nachvollziehen kann. Die Ursprungsidee von Paul Bonatz und Friedrich Eugen Scholer ist eine absolut großartige Architektur mit (nahezu) Alleinstellungsmerkmal. Beherrschend waren in der Ursprungsgestaltung sowohl die ansteigenden, weiß gefassten Stuckkassetten als auch – insbesondere – das große Oberlicht mit elf Metern Durchmesser im Scheitel der Kuppel, das der Tageslichtzufuhr des Innenraumes diente.

Für den Raumeindruck nicht weniger wichtig sind die 20 Säulen, die die Kuppel tragen. In ihrer ursprünglichen Gestaltung waren die Säulen versehen mit einem schmalen, an korinthische Säulen erinnernden Kapitell, die kastenförmige Sockelgestaltung verschwand zwischen den Sitzreihen, die sich im Übrigen über die Säulen hinaus in den Innenraum erstreckten. Die ursprüngliche Farbgebung war auch hier weiß. Diese Säulen wurden bereits durch Paul Bonatz selbst – unmittelbar nach dem Zweiten Weltkrieg – „bereinigt" und vereinfacht. Die damals angebrachten schlichten Kapitelle liegen heute oberhalb der von Zinsser abgehängten Decke und sind somit für den Besucher des Kuppelsaals ebenfalls nicht erlebbar. Auch die ehemalige Schlankheit der Säulen wird hierdurch sowie auch durch eine zusätzliche Ummantelung negiert.

Der Bühnenraum wird heute dominiert von der in amorph-polygonen Formen gestalteten Akustikrückwand und dem mächtigen Akustikschirm (vgl. Abb. 13), der über der Bühne hängt. In seiner ursprünglichen Form war der Bühnenraum offen, da sich hier die etwas zurückliegende Orgel befand. Die Decke der Orgelnische war ursprünglich ebenfalls stuckiert.

Die Begutachtung und Untersuchung des heutigen Bestands (anlässlich einer geplanten Schwerpunktsanierung des Kuppelsaals im Jahr 2015) brachte zudem zahlreiche neue Erkenntnisse, was die Überreste der Wand- und Deckengestaltung des Ursprungsbaus aus dem Jahr 1914 im heutigen Bau der 60er Jahre betrifft. Die Wandoberflächen unterscheiden sich sowohl optisch als auch von der Materialität und sogar von der Lage heute massiv vom ursprünglichen Zustand. In der ursprünglichen Wandgestaltung gab es – wie oben ausführlich beschrieben – den Kuppelsaal umlaufende stuckierte und (wie die Untersuchungen ergeben haben) farblich (golden) gefasste Schmuckelemente wie die zwölf Tierkreiszeichen (Widmann) und die Figur der Lichtgöttin (Köppen). Diese Gestaltung war nach dem Krieg noch in großen Teilen erhalten und wurde im ersten Renovierungsschritt der 50er Jahre auch sichtbar beibehalten. Beim Zinsser-Umbau der 60er Jahre wurden die Wände dann mit dunklem Holz verkleidet. Hinter den Lamellen befindet sich eine Dämmschicht, dahinter wiederum ein Luftraum, in dem sich (soweit erkennbar) die alten Stuckierungen in großen Teilen erhalten haben (Abb. 15). Dasselbe gilt (vermutlich) ebenso für die Pilaster, die die Wand ursprünglich gliederten.

Die Decke des Umgangs direkt hinter den Säulen besaß ebenfalls Stuckierungen (Neumeister), die – wie schon auf den Fotos der 50er Jahre erkennbar und auf den Baustellenfotos von 1960/61 noch einmal bestätigt – beim Umbau wohl komplett entfernt wurden.

Die Wahrnehmung des Kuppelsaals als ein besonderer Raum hat seit den 60er Jahren stark abgenommen; auch der Bekanntheitsgrad in der Stadt Hannover lässt durchaus zu wünschen übrig. Dies mag zum größten Teil darin begründet liegen, dass Außenbau (Kuppel) und Innenraum (Halle) nicht übereinstimmen, wohl aber auch in der einfachen Tatsache, dass durch die – durchaus, wie oben aufgezeigt wurde, bewusst und durchdacht ausgeführten – Umbauten der 60er Jahre der „Raum des Jahrhunderts" als solcher nicht mehr wirklich erlebbar ist. 100 Jahre Kuppelsaal und 50 Jahre Zinsser-Einbauten warten darauf, dass hier etwas geschieht!

Doris Apell-Kölmel **Die Entstehungsgeschichte des Kuppelbaus –
Ein Pantheon für Hannover**

Seit den heftig emotionalen Diskussionen um Stuttgart 21 und der damit verbundenen Schändung des großartigen Hauptbahnhofes sind die Stuttgarter Architektur von Paul Bonatz und Friedrich Eugen Scholer und ihr Beitrag zur deutschen Architekturgeschichte der Moderne wieder in aller Munde.

Man kennt auf einmal den Architekten Paul Bonatz wieder. Sein strenger Neoklassizismus, sein Spielen mit einfachen geometrischen Massen, das feine Aufgreifen von historischen Zitaten und sein Wissen um städtische Blickpunkte kombiniert mit einer durchdachten Funktionalität der Gebäude – das alles wird von vielen Menschen heute neu wertgeschätzt. In Stuttgart hat der Denkmalschutz versagt. Die Misshandlung des Baus durch den Abriss beider Flügelbauten fügt der Stadt eine weitere Narbe zu. So bleibt in Stuttgart die Tradition der Zerstörung ungebrochen – schon 1960 hatte man kein Verständnis für den Erhalt des Kaufhauses Schocken von Erich Mendelsohn, einem Meisterwerk der Moderne der 1920er Jahre, und ließ es abreißen (Borgmann, Thomas 2010). In der Nachkriegszeit zählte die Architektur der Moderne der 20er Jahre in Stuttgart offensichtlich nichts, man schützte das Gebäude nicht. Heute würde man es gern als Attraktion der Stadt wiederhaben. Das ist vorbei – Chemnitz kann sich freuen, hier ist das letzte Gebäude von Mendelsohns Kaufhäusern erhalten und aufwendig saniert worden. Der Architekt des neuen Stuttgarter Bahnhofs, Christof Ingenhoven, hätte sich heute sicherlich für einen Erhalt des Mendelsohnbaus eingesetzt, für Bonatz' Architektur des frühen 20. Jahrhunderts fehlt ihm das Verständnis: „Ihn als Heroen der Frühmoderne zu verklären, wie es jetzt geschieht, finde ich eher ahistorisch. Durch seine Person und seine Auftraggeber war Bonatz jemand, der keinesfalls zum Kreis der asketischen Stuttgarter Weissenhof-Moderne gerechnet werden wollte. Was den Bahnhof angeht, hatte er weit über das später Gebaute hinausgehende Visionen, die für mich schwer verdaulich sind und in Richtung Ritterburg oder Walhall gingen", äußerte er 2010 (Bartetzko 2010a). Richtig ist, dass Bonatz sich nie zum Kreis von Bauhaus oder Weissenhof-Moderne zählte, doch sollte das heute nicht die Messlatte für den Erhalt eines Bauwerkes sein! Bonatz hat sich vehement für den Wiederaufbau des Stuttgarter Neuen Schlosses nach dem Krieg eingesetzt, die Stadtväter wollten es damals abreißen. Er wäre über den Teilabriss seines Bahnhofs entsetzt, auch wenn Ingenhoven sich das nicht vorstellen kann. Vielleicht entwickelt sich durch die Stuttgarter Abrisspolitik nun ein neues Verständnis für den Neoklassizismus vor dem Ersten Weltkrieg, eine neue Wertschätzung von Bauwerken von Paul Bonatz und Friedrich Scholer?

Hannovers neue Chance Hannover kann – wie Chemnitz mit der Renovierung des Kaufhauses Schocken – neue Akzente setzen. Hier ist die Stadthalle zwar kriegsbeschädigt und durch viele Eingriffe verändert, aber erhalten. Den einmaligen Charakter des Bauwerks sollte man wieder ans Tageslicht bringen. Die Stadthalle ist ein Kuppelbau, sie braucht ihren Kuppelsaal in seiner ursprünglichen Form und Würde wieder. Ich will hier nicht für die Rekonstruktion aller Baudetails plädieren, man kann die Zeit nicht zurückdrehen. Es sollte jedoch endlich überlegt werden, wie der in Deutschland einmalige Kuppelsaal seinen besonderen Charakter wiedererhalten kann.

Rom in Norddeutschland 1908 nahm der 34-jährige Bonatz zusammen mit seinem Kollegen Scholer am Wettbewerb für den Neubau eines Landtags und Ministerialgebäudes in Oldenburg teil. Gleichrangige Sieger unter 171 eingereichten Arbeiten wurden das junge Büro Bonatz & Scholer aus Stuttgart und Fritz und Wilhelm Hennig (Berlin) mit je einem 2. Preis. Den Bauauftrag erhielten Bonatz und Scholer erst 1913 (Aschenbeck 2005: 40ff.).

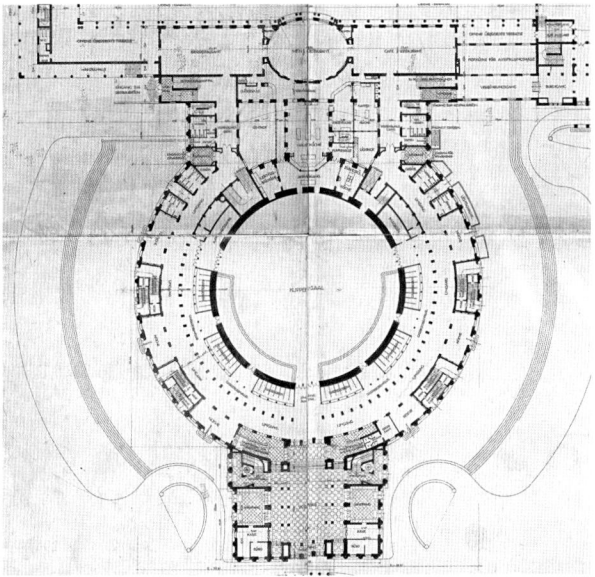

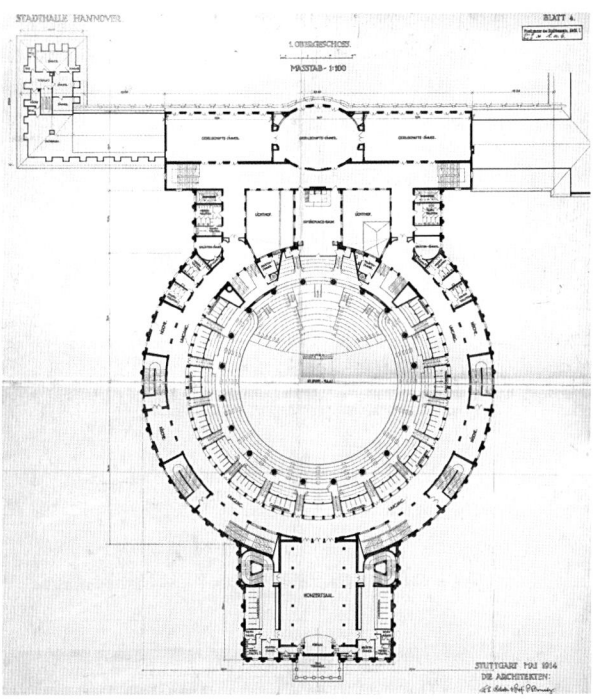

16 Fotopostkarte Stadthalle Hannover um 1914
17 Grundriss Erdgeschoss, 1914
18 Grundriss Obergeschoss, 1914

NEUNZEHNHUNDERTVIERZEHN

„Paul Bonatz wird mit seinem Kollegen Scholer Oldenburg zur Vorbereitung seines Wettbewerbsentwurfs 1908 besucht und dort die klassizistischen Bauten besichtigt haben, darunter im Zentrum die neogotische Lambertikirche. Der fünftürmige Backsteinbau birgt im Inneren eine Überraschung: Ein heller, klassizistischer Kuppelraum aus dem späten 18. Jahrhundert ist dort erhalten. Das versteckte Pantheon mit zwölf Säulen auf hohen Sockeln, umlaufenden Emporen und Nischen, axial durch Orgel und Eingang gegenüber gegliedert – es könnte Inspiration für Paul Bonatz und Friedrich Scholer gewesen sein."

Bonatz monumentaler neuer Klassizismus – ein wuchtiger haushoher Portikus mit zehn ionischen Säulen dominiert bis heute den Landtag – beeindruckte damals die Entscheidungsträger, darunter das Jurymitglied Ludwig Hoffmann, der in Berlin gerade das Stadthaus baute (1902–1911). Ein strenger, wuchtiger Baustil mit einfach ablesbaren Symmetrieachsen, klaren vertikalen und horizontalen Linien und einem Dialog zwischen Naturstein und farbigem Putz setzte sich ab vom zarten Oldenburgischen Klassizismus des frühen 19. Jahrhunderts. Paul Bonatz wird mit seinem Kollegen Scholer Oldenburg zur Vorbereitung seines Wettbewerbsentwurfs 1908 besucht und dort die klassizistischen Bauten besichtigt haben, darunter im Zentrum die neogotische Lambertikirche. Der fünftürmige Backsteinbau birgt im Inneren eine Überraschung: Ein heller, klassizistischer Kuppelraum aus dem späten 18. Jahrhundert ist dort erhalten. Das versteckte Pantheon mit zwölf Säulen auf hohen Sockeln, umlaufenden Emporen und Nischen, axial durch Orgel und Eingang gegenüber gegliedert – es könnte Inspiration für Paul Bonatz und Friedrich Scholer gewesen sein.

Hannover wünscht sich eine multifunktionale Stadthalle 1910 beteiligt sich das Architektenteam wieder an einem großen nationalen Wettbewerb für Norddeutschland: Die Stadt Hannover schrieb am 31.1.1910 einen Wettbewerb zum Bau einer Stadthalle und Ausstellungshalle auf der kleinen Bult in Hannover aus. Man wünschte sich einen „künstlerisch bedeutenden Mittelpunkt" (Apell-Kölmel 1989: 70) für Musikaufführungen, Kongresse, Versammlungen und festliche Veranstaltungen. Maximal 3500 Sitzplätze sollten vorhanden sein – verkleinerbar auf 1800 Plätze; bis zu 120 Musiker und 600 Sänger sollten auf dem Podium Platz haben – ein gigantisches Projekt. Der noch junge Bautypus „Stadthalle" für große Gesellschaftsveranstaltungen, Konzerte, Feierlichkeiten jeder Art wurde zu einer der interessantesten Bauaufgaben für deutsche Architekten vor dem Ersten Weltkrieg. In der Jury saß wieder Stadtbaurat Ludwig Hoffmann, aber auch Bonatz' Lehrer Theodor Fischer, mit 48 Jahren jüngstes externes Mitglied. Fischer gehörte zu den Gründern des Deutschen Werkbunds 1907 und wechselte als Professor von der TU Stuttgart 1908 an die TU München. 1907 hatte er die Pfullinger Hallen, ein kleines Volksfesthaus, gebaut, auch hatte er auf der Theresienhöhe in München eine Halle zur Musikfesthalle für 3200 Personen umgebaut. 1906 formulierte Fischer seinen Traum von einem idealen Volksfesthaus: „ Ein Haus besonderer Art (…) für Alle (…) zum Frohwerden (…) zur Andacht und zum inneren Erleben (…) stark in der Stimmung" (Fischer 1906: 6) Diesen Traum sollte sein Schüler Paul Bonatz bald verwirklichen. Drittes auswärtiges Jurymitglied war der Leipziger Architekt Hugo Licht, der bis 1905 das dortige Neue Rathaus erbaut hatte. Licht hatte als Leiter des Stadtbauamts den Bau des Leipziger Gewandhauses begleitet; er war der richtige Berater für die Hannoveraner. Hannover und Leipzig waren finanziell ebenbürtige Großstädte mitten in Deutschland, reiche Handelsstädte mit innovativen Großindustriellen. Hannovers Bürgertum war bereit, für die neue Stadthalle auch Geld zu spenden, ab 1904 wurden Stiftungsgelder für den Bau gesammelt. Die Leipziger Bürger hatten das schon vor zwei Jahrzehnten vorgemacht – sie finanzierten den Bau des Neuen Gewandhauses selbst.

Musis et artibus Konzerte jeder Art waren geplant – für die kleineren sollte ein intimer Konzertsaal errichtet werden, separat begehbar, das erst 1878 eingeweihte Hannoveraner Konzerthaus war den Bürgern der Stadt zu klein, zu beliebt waren die geselligen Musikveranstaltungen und Festlichkeiten in der reichen Stadt. Für zeitgemäße musikalische Großveranstaltungen mit riesigen Orchestern und Chören und großer Orgel wollte man Leipzig übertreffen mit einem außergewöhnlichen Veranstaltungssaal, mehrfach vergrößerbar auf bis zu 3600 Sitzplätze. Nicht allein die Musik wollte man in dem Neubau zelebrieren, auch Festlichkeiten mit Tanz, Zirkusdarbietungen, selbst ein Kino war erwünscht. Für große Ausstellungen jeder Art und riesige Festessen war die Ausstellungshalle vorgesehen. Es war die Zeit der rauschenden Feste.

19 Lambertikirche, Oldenburg, Kuppelraum heutiger Zustand

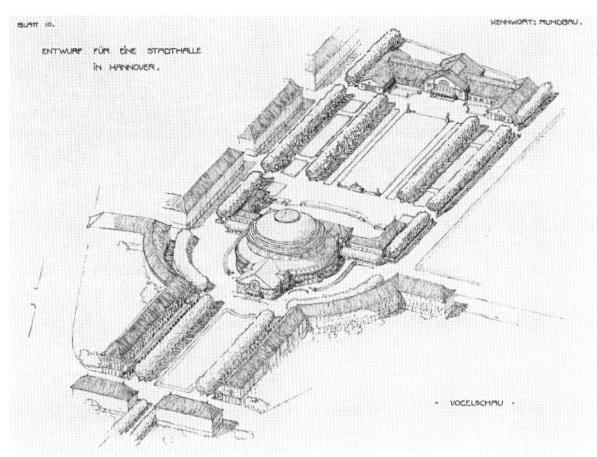

Der selbstbewusste Stadtdirektor Hannovers, Heinrich Tramm, hatte schon Großbauten realisiert: Ihm verdankte die Stadt den Neubau des Rathauses (bis 1913), den Bau des Kestner Museums (1889 eingeweiht) und des Provinzialmuseums (1902 fertiggestellt). Tramm war ein Kunstliebhaber, sammelte Bilder (zum Beispiel von Liebermann, Leibl, Kaulbach, Slevogt, Modersohn-Becker, Plastiken von Barlach und Hoetger). Er beauftragte auch den hochmodernen Schweizer Maler Ferdinand Hodler mit einem Monumentalgemälde für den Sitzungssaal des Neuen Rathauses. Tramm war kaisertreu konservativ mit einem Sinn für den Fortschritt. Mit viel Energie und Durchsetzungsvermögen setzte Tramm vor dem Ersten Weltkrieg entscheidende Würdezeichen in seiner Stadt.

Süddeutsche Architektur mit italienischem Klang Am 11.7.1910 wurden drei erste Preise im Stadthallenwettbewerb bekannt gegeben: Friedrich von Thiersch mit Heinrich Lömpel und Emanuel von Seidl aus München sowie die Stuttgarter Paul Bonatz mit Friedrich Eugen Scholer, die beide in München studiert hatten. Man prämierte süddeutsche Architektur. Vermutlich konnte die Jury durchaus die Handschriften der inkognito abgegebenen Entwürfe identifizieren: Thiersch war Lehrer Theodor Fischers in München gewesen, Fischer war Kollege von Seidl bei Umbauten auf der Theresienhöhe in München und Bonatz sein Assistent während seiner Stuttgarter Zeit. Doch hatten sie sechs Hannoveraner Jurymitglieder zu überzeugen. Hannover wählte schließlich den Entwurf „Rundbau" von Bonatz und Scholer, nicht nur wegen der funktionalen Durchdachtheit der Bauanlage, sonders besonders auch wegen ihres Repräsentationswertes. Die Presse war begeistert von der Großzügigkeit und Imposanz der geplanten Bauanlage: „Dieser Entwurf hat so viel Imponierendes", schwärmte das *Hannoversche Tageblatt* (M.A.T, 1910). Von einem symmetrisch angelegten Vorplatz im Norden mit mittiger Grünfläche leiteten die Architekten den Blick auf ein die Umgebung überragendes neues Pantheon. Für gebildete Bürger war das römische Pantheon leicht ablesbar: Rundbau mit Vorhalle, hoher Tambour und eine Halbkugel als Kuppel mit Stufen oberhalb der Traufe, dazu ein verglastes Oberlicht. Und dann das Innere: ein säulenumstellter Kuppelsaal mit einem Durchmesser von 22 Metern, eine Kuppel mit zum Oberlicht sich verjüngenden Kassetten. Abweichend vom römischen Vorbild setzten die jungen Architekten aus Stuttgart ins Obergeschoss des Vorbaus einen kleinen Konzertsaal. Im Süden sollte ein querliegender doppelstöckiger Restauranttrakt mit Gartenblick angrenzen. Am südlichen Gartenende platzierten sie die Ausstellungshalle.

Was für eine große Idee – das römische Pantheon für Hannover Paul Bonatz war 33 Jahre, sein Partner 36 Jahre jung. Beide hatten sich in München beim Studium kennengelernt und 1908 eine Bürogemeinschaft in Stuttgart gegründet. Über seinen Freund „Fritz" Scholer schrieb Bonatz: „Mit seiner überlegenen praktischen Bauerfahrung war er der letzte meiner Lehrer. Auf ihm lag immer der schwere und verantwortungsvolle Teil der Arbeit, mir ließ er das dankbare Spiel" (Bonatz 1950: 58). Friedrich Scholer ist das technisch-konstruktive Fundament der Bauten zuzuschreiben und deren funktionale Durchdachtheit, dem Gartenliebhaber ist auch der Einklang zwischen Architektur und Natur zu verdanken.

Überzeugend war die Idee, den Inbegriff des antiken Zentralbaus, das Pantheon, nach Norddeutschland zu versetzen und es den funktionalen Anforderungen eines modernen Stadthallenbaus anzupassen. „Ein Rundbau fasst bei kleinstem Umfang die größte Anzahl von Plätzen", erläuterten die Architekten (Bonatz/Scholer 1910). Die maximale Funktionalität des Rundbaus mit kurzen separaten Wegen und optimaler Nähe des Publikums zum Podium war kombiniert mit einer äußerlichen Ablesbarkeit der Funktionen: Kleiner Konzertsaal im rechteckigen Vorbau (Quader), Großer Saal im Rundbau (Zylinder mit Kugel), Gesellschaftstrakt (Quader) zum Garten. Übersichtlichkeit durch Achsensymmetrien, simple geometrische Baukörper, Kongruenz von Innen und Außen, das war Paul Bonatz' Modernität. Er mochte damals nicht

20 Entwurf für die Stadthalle, Vogelperspektive, 1911
21 Innenraum um 1914
22 Innenraum um 1914

NEUNZEHNHUNDERTVIERZEHN

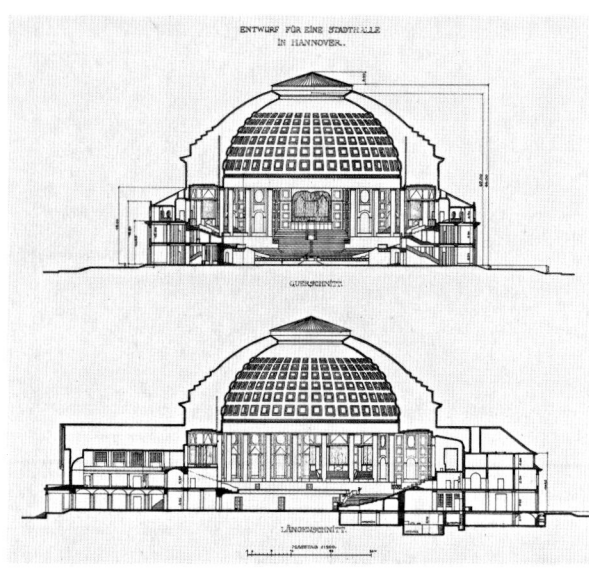

„Von einem symmetrisch angelegten Vorplatz im Norden mit mittiger Grünfläche leiteten die Architekten den Blick auf ein die Umgebung überragendes neues Pantheon. Für gebildete Bürger war das römische Pantheon leicht ablesbar: Rundbau mit Vorhalle, hoher Tambour und eine Halbkugel als Kuppel mit Stufen oberhalb der Traufe, dazu ein verglastes Oberlicht. Und dann das Innere: ein säulenumstellter Kuppelsaal mit einem Durchmesser von 22 Metern, eine Kuppel mit zum Oberlicht sich verjüngenden Kassetten."

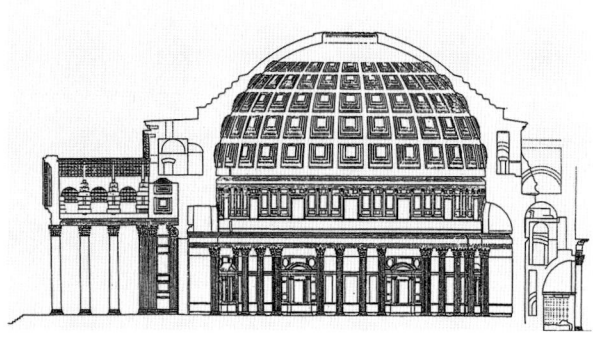

23 Entwurf Stadthalle Hannover, 1911
24 Pantheon Rom, Schnitt

auf das klassische Formenvokabular im Detail verzichten, das war gar nicht sein Thema. Sein Bau sollte von einfacher Monumentalität sein, ernst, klassisch gebildet, ohne auf Zierelemente in Stuck zu verzichten; heiter zum Garten hin – dort spielte er mit neobarocker Gefälligkeit in Bauform und Zierrat. Für Hannover war ein Markenzeichen gefunden worden von „monumentale[r] Größe" (Apell-Kölmel 2005: 66).

Der Drang zur Einfachheit Ende 1910 überarbeiteten Bonatz und Scholer die Pläne. Noch war die Kuppelform dem römischen Vorbild äußerst nah – über dem wuchtigen Traufgesims des Rundbaus sollte eine sichtbar hohe Stufe mit weiteren Stufen zur hohen Kuppel überleiten – im Zenit ein verglastes Opaion. Die Wände des Kuppelsaals wollten sie mit rechteckigen Wandfeldern strukturieren. Bonatz hatte Italien bereist, den Bau in Rom besucht und die archäologische Literatur studiert. Ausgrabungen hatten kürzlich ans Licht gebracht, dass der römische Rundbau nicht nur eine Vorhalle hatte, sondern auch über einen südlichen Quertrakt verfügte, drei Baukörper axial verbunden – dieses Konzept übernahm Bonatz für Hannover. Auch die Ablesbarkeit des Inneren am Äußeren muss ihn fasziniert haben. Er übertrug nicht nur die römische Kombination von Zylinder und Kugel mit gleichem Radius, sondern auch deren originale Dimensionen. „ Der lichte Durchmesser der Kuppel, der gleich der inneren Höhe ist, beträgt, ähnlich wie beim Pantheon, 42,4 m", äußerte Scholer 1913 (Anm 39, S. 227, W1913c). Anderes übersetzte er in seine Sprache, zeigte beispielsweise am Kuppeltambour außen durch Blendarkaden und Lisenen die Positionen der 20 tragenden inneren Säulen und berief sich damit auch auf das Pantheon, in dessen Mauerwerk noch heute die konstruktiv bedingten Entlastungsbögen sichtbar sind. Am 1. Februar 1912 begannen die Bauarbeiten; am 10. Juni 1914 wurden Stadthalle und Ausstellungshalle der Öffentlichkeit übergeben. Die Ausführungspläne zeigen, wie Paul Bonatz und sein Partner Friedrich Scholer sich mehr und mehr von Pantheonzitaten lösten und einfache, starke Formen und Rhythmen suchten. Dazu gehörte die Vereinfachung der Dachform durch Streichung der Stufen: Die simple Halbkugel umgab nun ein kurzes Ringpultdach. Damit kam die kupfergedeckte Kugel besonders gut zur Geltung. Funktionale Überlegungen hinsichtlich einer optimalen Nähe aller Sitzplätze zum Podium und kurzen Wegen zum Platz und zu den Treppenhäusern führten zu entscheidenden Variationen des Themas Pantheon: Die Architekten ließen wie beim griechischen Theater die 3600 Sitzplätze vom zentralen runden Saalparkett kontinuierlich ansteigen. Die Forderung nach einer flexiblen Saalgröße veranlasste sie, den Raumzylinder seitlich um den Umgang zu erweitern und eine freie Säulenstellung mit Gebälk unterhalb der Kuppel einzuführen: 20 schlichte Säulen, gleichhoch wie die römischen (10,6 Meter), wurden auf eine starke Erdgeschosswand gesetzt und trugen ein schlichtes weißes Gebälk. Die Säulen konnten nicht wie in Rom auf dem Saalboden stehen. Sie wurden als Träger der Kuppel definiert, genau wie im Inneren der Lambertikirche in Oldenburg. Ein vorkragendes Kranzgesims markierte die Mittelachse der Kugel, hier ruhte die halbkugelförmige kassettierte Kuppel. Die Säulen waren in ihrer Höhe denen im Pantheon zwar gleich, in Position, Form, Farbe und Material jedoch grundverschieden. Es gab hier keinen bunten Marmor, sondern weiß getünchte glatte Eisenbetonsäulen mit einfacher Basis und neu erfundenem ägyptisierenden Blattkapitell. Weiße Wände mit zarten goldenen Stuckaturen umfassten den Saal, im Gegensatz zur bunten Marmorinkrustation in Rom. Die goldenen Akzente auf reinem Weiß gaben dem durch die 20 Säulen rhythmisierten Raum eine feine Feierlichkeit: Zwölf Tierkreiszeichen mit einer dünnen goldenen Giebelzierform waren über jeder Nische platziert, im Norden betonte eine goldene Lichtgöttin gegenüber der Orgelnische die Hauptachse des Gebäudes. Das vier Meter hohe Flachrelief einer antikisierenden halbnackten Göttin mit Sonne, Mond und Sternen um ein Sternenhaupt ähnlich der New Yorker Freiheitsstatue schuf der Münchner Maler Wilhelm Köppen (Apell-Kölmel 1989: 193 und 122ff.). Ihr gegenüber

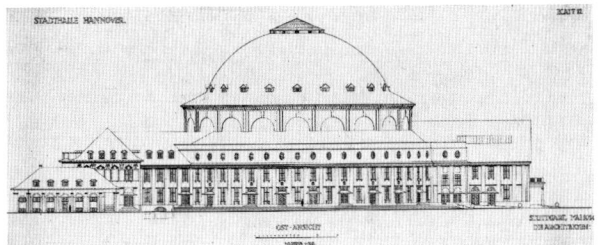

wurde ein goldenes Gitter als Abgrenzung der Orgelnische und Prospekt vor der Hauptorgel installiert. Sechs schachtelhalmartige goldene Stützen und dünne hellgoldene Stäbe mit lotusblütenartigen und lanzettförmigen Spitzen wurden horizontal von wellenförmigen Metallstreifen durchflossen – ägyptisierende Pflanzenmotivik fern vom zeitgenössischen Jugendstil. Bonatz erweckte mit diesem Motiv die Assoziation mit dem Nil, dem Urfluss aller Künste. Mit dem Spiel zwischen Horizontale und Vertikale verwies er auf die Nähe zwischen Musik und Architektur. Der harmonische Rhythmus zwischen gleichmäßig aufwachsenden Vertikalen und im breiten Fluss horizontal auf und ab sich bewegenden Wellen symbolisiert brillant das Wesen der Musik, bestehend aus Takt und Notenfluss. Bei allen Veranstaltungen hatten die Besucher das goldene Gitter im Blick, durch das die Orgelmusik gewaltig klingen konnte. Paul Bonatz hatte 1913 eine Ägyptenreise zusammen mit dem Maler Wilhelm Köppen unternommen. Köppens großes Wissen über ägyptische Kunst und Architektur hatte ihn sehr geprägt, beeinflusste später auch wesentlich seine Planungen des Stuttgarter Bahnhofes. In Hannover war Köppen auch für die Ausgestaltung des Restauranttrakts mit einem antikisierenden Bildprogramm in Freskotechnik verantwortlich (Apell-Kölmel 1989: 183ff.).

Das Zentrum des Universums lag in Hannover Bonatz' und Scholers „Rundbau" war aufgrund der halbkugelförmigen Kuppel mit Licht vom Himmel durch das verglaste Opaion als Abbild des Universums interpretierbar. In der Antike hatte man das Kuppelgewölbe des Tempels aller Götter in Rom mit dem Himmelsgewölbe gleichgesetzt. Der beeindruckende Raum wurde stimmig beleuchtet, tags durch Sonnenstrahlen aus dem Kuppelzenit, nachts durch kelchartige weiße Lampen an jeder Säule und im Kreis vom Oberlicht herabhängende Lampen. Die weiße kassettierte Kuppel erstrahlte somit als ein leuchtendes Himmelsgewölbe. Die Lichtgöttin bewachte den Saal, eine kosmische Kraft über einer goldenen Kugel schwebend, sie erhob die Arme wie zum Segnen. Die Architekten schufen eine sakrale Aura unter Vermeidung christlicher Motivik. Sterne waren überall zu finden, als Intarsie im Saalparkett und an den Garderoben, als Wandmalerei in den Umgängen. Hier konnte die lebendige Musik die Harmonie des Kosmos widerspiegeln, im Einklang mit der Architektur. Die Stadthalle war zwar ein funktionaler Profanbau, als irdisches Abbild des göttlichen Kosmos hatte sie doch etwas Weihevolles, das besonders durch die von Ulfert Janssen entworfene sitzende Göttin über dem Eingangsportikus unterstrichen wurde. Die Schutzgöttin im Gewande Athenas bewacht bis heute unversehrt den Bau. Ihr Pendant im Saal könnte rekonstruiert werden.

Vision einer Heilung Die Stadthalle Hannover ist schon 100 Jahre alt, sie hat viele Narben. Den größten Schaden nahm der Bau durch diverse Einbauten zur Verbesserung der Akustik. Im Inneren ist der ursprüngliche Charakter des Kuppelsaals nicht mehr erfahrbar. Es ist ein großes Ziel unserer Generation, den Raum durch die Öffnung der Kuppel, durch das Hereinlassen des Lichts wieder so großartig erfahrbar zu machen, wie er erdacht und realisiert worden war. Hannover kann zeigen, welch einmaliges Gebäude die Stadt besitzt und dass man heute wieder sorgsam mit dem baulichen Erbe umgehen kann. Eine feinsinnige Rückführung des Kuppelsaals auf die ursprüngliche Bausubstanz und damit auf sein markantes Volumen wäre auch ein wenig Wiedergutmachung aller Beschneidungen, die Bauten von Bonatz und Scholer in Deutschland erfahren mussten. Auf jeden Fall könnten die zukünftigen Generationen wieder ein einmaliges Pantheon im Norden erleben – nur in Hannover.

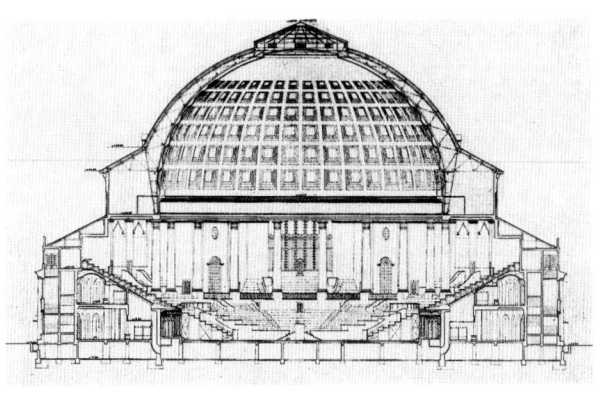

25 Stadthalle Hannover, Ansicht Nord, 1914
26 Stadthalle Hannover, Ansicht Ost, 1914
27 Stadthalle Hannover, Querschnitt, 1914

POTENZIALE

Jörg Friedrich
Neue Philharmonie in Hannover – Plädoyer für eine zukunftweisende Rekonstruktion des Kuppelsaales

Christoph Borchers, Annett Mickel-Lorenz
Stadtbild und Stadtidentität – Die Kuppel im Stadtkörper von Hannover

Gernot Kubanek
Von der Theorie zur Empirie – Über die akustische Simulation gerundeter Raumstrukturen

POTENZIALE

28　Fotografie der Stadthalle um 1914

Jörg Friedrich **Neue Philharmonie in Hannover – Plädoyer für eine zukunftweisende Rekonstruktion des Kuppelsaales**

Stadtdenkmal Der Kuppelsaal in Hannover ist seit seiner Eröffnung 1914 bis heute einer der größten Konzertsäle in Europa. Der Bau von Paul Bonatz und Friedrich Eugen Scholer ist darüber hinaus eines der wenigen noch erhaltenen urbanen Denkmäler in Hannover. Der Entwurf gilt als Beispiel für einen zukunftsweisenden Konzertraum und eine einzigartige Architekturschöpfung von europäischem Rang und höchster Qualität. Die Einbettung des beeindruckenden, von einer fast 50 Meter hohen Kuppel überwölbten Zentralbaus in eine ebenfalls neu entworfene Stadtpark- und Wasserlandschaft fasst Landschaftsarchitektur, stadtplanerische Setzung und architektonische, zeichenhafte Konzeption zu einem städtebaulichen Ensemble von herausragender Qualität zusammen. Der Konzerthallenbau bildet städtebaulich Höhepunkt und Zentrum der denkmalgeschützten historischen Anlage. Fertiggestellt zu Beginn des Ersten Weltkrieges, setzte der Konzertsaal von Paul Bonatz bereits zu seiner Entstehungszeit mit seiner beeindruckenden Größe und symbolischen Formgebung einen Maßstab in der Stadt Hannover, der verblüfft. Eine Stadt, die bis heute Schwierigkeiten hat, sich selbst „schön", gar „großartig" zu finden, gönnte sich zu Beginn des 20. Jahrhunderts ein Großprojekt für die Musikkultur, ganz auf der Höhe der Zeit und zukunftsorientiert.

Die „Jahrhunderthalle" in Breslau mag Paul Bonatz gedanklich im Entwurf inspiriert haben, insbesondere mit ihrer Hinwendung zum monumentalen überwölbten Zentralraum, der in der Lage ist, große Massen an Besuchern aufzunehmen. Zeitgleich mit dem Entwurf des sozialen Gesamtkunstwerkes von Fritz Schumacher für den neuzeitlichen, mit architektonischen Monumenten gegliederten „Stadtpark" in der Großstadt Hamburg wird das Stadtparkareal von Bonatz in Hannover realisiert. Während Schumacher mit dem Kuppelbau des Planetariums ein „Wissenschaftsprojekt" den öffentlichen Stadtgarten krönen lässt, bildet in Hannover mit dem Kuppelsaal ein Kultur- und Konzertsaal das Zentrum der neuen öffentlichen Stadtparklandschaft. Damit nicht genug: Bonatz schlägt Brücken im symbolischen Bereich, denen nachzuspüren sich lohnt. Die Hannoveraner stellten für eine Zeit den englischen König – eine Epoche bis ins 18. Jahrhundert, an der die Engländer anfangs nur wenig Gefallen fanden. Ein Hannoveraner in London? Nein danke. Bonatz geht in seinem Entwurf möglicherweise intuitiv auf die Folgen dieser gerne verdrängten Hannoveraner „Besetzung" Großbritanniens ein. In London entstand im 19. Jahrhundert die Royal Albert Hall als Konzertsaal.

Bonatz übernimmt das Raumkonzept aus London, um es im Kuppelsaalensemble nach Hannover zurückzubringen und in die Stadtparklandschaft zu implantieren. Beide Bauten, Kuppelsaal wie Royal Albert Hall, schlagen typologisch einen weiten Bogen zurück in eine die beiden Kulturen verbindende gemeinsame Geschichte der Architektur Europas. Das Kolosseum in Rom dürfte für die Architekten der Royal Albert Hall das Vorbild gewesen sein, für Bonatz ist ein anderer Bau aus dem antiken Rom formgebend für den überwölbten, riesigen Konzertsaal: das Pantheon. Davon erzählen bereits seine frühen Entwurfsskizzen mit Proportionierung und Aufbau des Gesamtbaus und des Kuppelraumes. Bis in die Details der Kuppelausformung mit Laterne und Kassettierung der Kuppelschale setzt Bonatz seine gedanklichen Anknüpfungen an das antike Rom deutlich sichtbar in der Kuppelsaalkonzeption fort.

Heute, 2014, im Zeitalter Europas, wirkt die Entwurfshaltung von Paul Bonatz nahezu romantisch: Eine Hand nach Großbritannien ausgestreckt, um englische und Hannoveraner Königshausgeschichtsstränge baulich zusammenzuführen, findet er in antiken Großbauten die gemeinsame Basis beider Königreiche in der europäischen Architekturgeschichte und baut nach deren Muster den Kuppelsaal – ein Pantheon für die Musik in Hannover.

„Bonatz übernimmt das Raumkonzept aus London, um es im Kuppelsaalensemble nach Hannover zurückzubringen und in die Stadtparklandschaft zu implantieren. Beide Bauten, Kuppelsaal wie Royal Albert Hall, schlagen typologisch einen weiten Bogen zurück in eine die beiden Kulturen verbindende gemeinsame Geschichte der Architektur Europas."

29 Jahrhunderthalle, Breslau, Fotografie 1913
30 Royal Albert Hall, London, Fotografie 1998

Der Streit um den Kuppelsaal Von Beginn an bis heute ist die Geschichte des Großbaus von unendlichen Diskussionen zwischen Gegnern und Befürwortern geprägt. Die Sozialdemokratie der Stadt Hannover ist zu Beginn der Planungen erbitterter Gegner des Projektes, sie versuchte den Bau bis zuletzt mit allen politischen Mitteln zu verhindern, was glücklicherweise misslang. Man spürt die Geschichte dieser umstrittenen Ambivalenz bis heute, wenn man sich dem Kuppelsaal von der Stadt aus nähert: Ein wenig will man ihn haben in der Stadt, aber eigentlich auch nicht. Die städtebauliche Entwicklung der letzten 50 Jahre zeigt dies sehr anschaulich. Merkwürdig liegt der Kuppelsaal 2014 im Stadtzusammenhang. Die axialsymmetrische, auf die Kuppel bezogene Stadtpark- und Wasserarchitektur ist nach dem Zweiten Weltkrieg brutal zerstört worden. Damit nicht genug: Der Kuppelbau wird heute eingezwängt von gesichtslosen, unmaßstäblichen Erweiterungsbauten eines städtischen Kongresszentrums. Das Bonatzensemble hat mit diesen städtebaulich unglücklich positionierten, banalen Zubauten zudem einen Großteil seiner urbanen Kraft verloren. Der freistehende mächtige Entwurf wird zum Teil einer trockenen Kongressmaschinerie herunterfunktionalisiert. Irgendwie scheint bis heute in Hannover eine Angst (vielleicht ist es auch nur interesselose Gleichgültigkeit) vor urbaner Größe, vor der Grandiosität eines Denkmals im Stadtpark mit der beeindruckenden, stadtraumbeherrschenden Kuppel aus vergangenen Zeiten zu bestehen. In neuesten Planungen wird dem öffentlichen Kuppelbau, asymmetrisch zur rechten Ansichtsseite, ein zersplittertes modernistisches Wohnquartier gegenübergestellt. Der Solitär des Kuppelsaales wird in seiner urbanistischen Wirkung abgedrängt – bis hin zur Belanglosigkeit. Dennoch: Der Strahlkraft der Kuppel hinaus in den Stadtraum kann auch dieses missglückte Stadtplanungsexperiment nichts anhaben.

Der Umgang mit architektonischer Größe ist in Hannover offensichtlich schwierig. Deshalb war der in Politik und Bürgerschaft unumstrittene Wunsch zum Wiederaufbau des Bonatzbaus als Konzertsaal nach seiner Zerstörung im Zweiten Weltkrieg bereits ab 1946 umso beeindruckender. Weniger beeindruckend gestaltete sich die langsame, zähe Realisierung der Sanierungsmaßnahmen, die erst mit der Eröffnung 1962 im sogenannten „Zinsser-Projekt" ein erstes Etappenziel erreichte. Über 15 Jahre ringt die Stadtpolitik um die Sanierung des Kuppelsaales, obwohl es in der Bürgerschaft der Stadt bereits seit Kriegsende ein klar artikuliertes Bedürfnis für einen großen, repräsentativen Konzertsaal in Hannover gibt. Der damalige Oberbürgermeister August Holweg wirkt in seiner öffentlichen Ansprache anlässlich der Wiedereröffnung des Kuppelsaales 1962 für niedersächsische Temperamentsverhältnisse geradezu euphorisch: „Der Wiederaufbau des Kuppelsaales ist für unsere Stadt Hannover von außerordentlicher Bedeutung. Endlich haben wir (…) einen großen, repräsentativen Konzertsaal, eine moderne Tagungs- und Kongressstätte und einen Ort für hervorragende gesellschaftliche Veranstaltungen." (HCC 2014: 12). Letztlich beschreibt er damit allerdings auch alle zukünftigen Probleme, die aus dem uneindeutigen, so beliebig bespielbaren Mehrzweckarchitekturkonzept für die Zukunft des Saales entstehen werden.

1962: Konzertsaal renoviert, schlechte Akustik bleibt Die langwierige Wiederaufbaugeschichte bietet bis heute gerade den Kritikern des Konzerthauses ständig Argumente gegen das Großprojekt. Die Akustik eines runden, überkuppelten Konzerthauses mit einem Raumvolumen von dieser Größe für mehr als 3600 Zuschauer ist eine Herausforderung für eine natürliche Konzertsaalakustik. Der wiederaufgebaute Kuppelsaal von 1962 hatte, da als Mehrzwecksaal uneindeutig geplant, ähnlich wie der Bonatzraum immer enorme akustische Schwächen, obwohl die Kuppel im Innenraum brutal abgeschnitten wurde mit einer unglücklich eingefügten abgehängten Decke auf unterem Kuppelrandniveau. Es blieben weiterhin die irrationalen, unkontrollierbaren Echos. Hunderte von Plätzen existieren bis heute, auf denen man

POTENZIALE

31 G.B. Piranesi: Veduta interna del Panteon, Rom 1774

überhaupt nichts hören kann, die Nachhallzeiten stimmen nicht, die runde offene Saalgeometrie des Zentralraumes liefert strukturbedingt nur geringe bis gar keine der so notwendigen Seitenreflexionen. Dies bedeutete trotz Umgestaltung das frühe Aus für künstlerisches Musizieren auf höchstem internationalem Niveau und bis heute kein Ende für qualvolles Hören auf der Besucherseite.

Nachkriegsmoderne als Mittel zur Geschichtsbewältigung Das Sanierungskonzept von 1962 für den Kuppelsaal entsteht nach dem Tod von Paul Bonatz. Das gewählte realisierte Sanierungsmodell „Mehrzweck- und Konzerthalle" bringt die zeitgeistige Haltung der Nachkriegsmoderne zur eigenen Denkmalgeschichte in Hannover architektonisch auf den Punkt. Zum einen soll der Konzertsaal seine Nutzungsart verändern, er soll vom Konzerthaus zum uneindeutigen, gesichtslosen Alleskönner werden, der Kuppelsaal soll zum multifunktionalen Mehrzweck- und Veranstaltungsraum mutieren und dennoch muss er gleichzeitig Konzertsaal bleiben. Dazu kommt die Auseinandersetzung mit der klassizistischen Monumentalität der Bonatzarchitektur. Eine gesichtslose, funktionalistische moderne Architektur ist in jedem Falle unverdächtiger als eine symbolisch aufgeladene Monumentalarchitektur. Die radikale Verweigerung von Politik, Stadtplanern und Architekten im Nachkriegsdeutschland, nach den Schrecken des Nationalsozialismus die Geschichte von Stadt und Architektur als übereinander gelagerte Schichten auch in ihren Widersprüchen im Stadtraum sichtbar zu belassen, führt in Hannover zu einer Stadtzerstörung, die ihresgleichen sucht. Es wird mehr historische Bausubstanz im Rahmen des „Wiederaufbaus" von 1946 bis 1980 zerstört als im Zweiten Weltkrieg. Die eigentliche Zerstörung Hannovers findet unter dem Stichwort der „Funktionalisierung" ab 1945 statt, sie ist ein Thema der Nachkriegsmoderne und scheint – bis heute – noch immer nicht abgeschlossen zu sein. Bonatz selber versuchte möglicherweise, sich in seinen eigenen Wiederaufbauvorschlägen zum Kuppelsaal ab 1949 unbewusst oder bewusst über seine Wandlung vom eigenen Klassizismus zur Nachkriegsmoderne freizustellen von eventuellen Vorwürfen gegen ihn als sympathisierenden Architekten im „Dritten Reich". Er proklamiert seinen Stilwandel als Gesinnungswandel: „Bestellen Sie einen Rasierhobel und putzen Sie den ganzen Überfluss ab" (HCC 2014: 11), schlägt er als Sanierungskonzept für seinen Kuppelsaal vor, als ob seine neu präzisierte Haltung zur Vernichtung des Ornamentes und zur abstrakten, im Nationalsozialismus für öffentliche Bauten verbotenen Moderne ihn nachträglich freisprechen könnte von seiner Verantwortung für Planungen in den 30er Jahren. Der psychologisierende Einsatz der Nachkriegsmoderne als befreiendes Mittel zur Geschichtsbewältigung ist im ambivalenten Umgang mit dem Kuppelsaal ebenso ablesbar wie das ungeklärte Verhältnis der Stadt Hannover zu sich selbst, zur eigenen Geschichte. Denn: Das ursprüngliche Raumkonzept von Paul Bonatz ist mit seinem kreisförmigen Konzerthallenbau erstaunlich modern. Konzeptionell zukunftsweisend im Sinne eines „demokratischen Konzertraumes" wird das Orchester 1914 von allen Seiten sichtbar im Raum erlebbar, mitten im kreisförmigen Parkett platziert, im ungerichteten offenen Rund des Zentralraumes, überwölbt von der beeindruckenden Kuppel.

Die Philharmonie in Berlin von Hans Scharoun aus den 60er Jahren verzichtet lediglich auf die pathetische Architektursprache des kreisförmigen zentralen Konzertraumes zugunsten seines freien, neuartigen Raumkonzeptes. Scharoun prägt damit einen der richtungsweisenden Konzerträume der Nachkriegsmoderne in Europa. Sein geniales „Weinbergkonzept" lässt sich jedoch schon in anderen, früheren Raumschöpfungen nachweisen. So auch – für viele überraschend – bereits im Hannoveraner Bonatzbau von 1914. Der Ursprungsbau verfügte in Parkett und Rang bereits über ansteigend schräge Zuschauerebenen für mehr als 1500 Zuschauer. Darüber legten sich der zweite und dritte Rang als kreisförmige, ebenfalls

> *„Es wird mehr historische Bausubstanz im Rahmen des ‚Wiederaufbaus' von 1946 bis 1980 zerstört als im Zweiten Weltkrieg. Die eigentliche Zerstörung Hannovers findet unter dem Stichwort der ‚Funktionalisierung' ab 1945 statt, sie ist ein Thema der Nachkriegsmoderne und scheint – bis heute – noch immer nicht abgeschlossen zu sein."*

32 Hannover Innenstadt 1945
rot: beschädigte bzw. zerstörte Gebäude
schwarz: unbeschädigte Gebäude

leicht ansteigende Zuschauerterrassen. Die leisen Andeutungen einer „demokratischen Moderne" sowohl im „Weinbergprinzip" als auch im ungerichteten Rundbau des Saales mit umlaufenden Zuschauerterrassen bei Paul Bonatz werden von seiner damaligen historisierenden, monumentalen Architektur- und Detailsprache überlagert. Sein Klassizismus wird seit den 60er Jahren gerne als Zeichen einer Herrschaftsarchitektur gelesen, mit der die Gegenwart wenig zu tun haben möchte.

Die Bewältigung unliebsamer, vergangener Epochenereignisse in Städtebau und Architektur wird im Nachkriegsdeutschland ungern in Form einer intellektuellen Auseinandersetzung gelöst, die die unterschiedlichen Zeitschichten und Ausdrucksebenen belassen, das bauliche Nebeneinander ertragen oder gar über inhaltliche Bewältigung lösen könnte. Lieber wird der Weg der Zerstörung des unliebsamen architektonischen Ausdrucks als Zeichen für die erfolgreiche Bewältigung eines Problems gewählt. Das bestehende Zeugnis einer unliebsamen Geschichte wird gerne durch etwas Neues ersetzt. Die Zerstörung des Berliner Palastes der Republik aus DDR-Zeiten zugunsten eines neu aufzubauenden Stadtschlosses zeigt das Prinzip auch in jüngerer Zeit und macht deutlich, welch enorme Macht bis heute der symbolischen Bedeutung von Architektur zuerkannt wird.

Stadtplaner und Architekten der Nachkriegsmoderne versuchen in den 60er Jahren, mit verschiedenen Entwurfsstrategien wie Funktionalisierung, Geschichtsverzicht, Bildlosigkeit, Emotionslosigkeit, Abstraktion, um einige der wichtigsten zu nennen, die symbolische Bildkraft von Architektur zu bändigen. Nach 1945 ist Neuanfang das Wort der Stunde. Aus Angst vor der symbolischen Bedeutung von Architektur und Stadt wird die flächendeckende Zerstörung vergangener, selbst vom Krieg verschonter Architekturschichten vorangetrieben. Der damit verknüpfte Erfolg der abstrakten Moderne in Hannover, im gesamten Nachkriegsdeutschland kann als Ausdruck einer „unverdächtigen Haltung", als direktes bauliches Zeichen der Vergangenheitsbewältigung, leichter lesbar werden. Gerechtfertigt wird dieses zerstörerische Planungsverhalten, die radikale Beseitigung bestehender Geschichtsspuren in Architektur und Städtebau unter dem schützenden Mantel einer unverdächtigen Moderne dadurch allerdings nicht.

Hannover hat es über seine Geschichte mit einer protestantischen, bilderstürmerischen Lustfeindlichkeit, mit einer in die Landschaft Niedersachsens eingelegten eher ländlichen, weniger städtisch geprägten Kultur möglicherweise noch schwieriger gehabt, ein Bild von architektonischer Größe für sich zu schaffen, geschweige denn vitale, einander ausschließende Gegensätze und Spannungspole über längere Zeiträume nebeneinander als Qualität zu ertragen. Desto leichter fällt es Politik, Stadtplanung und Architektur seit den 60er Jahren, mit geschichtsbefreiter Abstraktion und funktionalistischer Trockenheit ein fremdes Bild von Demokratisierung, Aufschwung, Fortschrittlichkeit von außen zu übernehmen. Mit dem abstrakten Bild der „Modernität" kann man sich – bei aller Ausdruckslosigkeit – im Wiederaufbau der Bundesrepublik wenigstens als avantgardistisch schmücken und hofft, die quälende Mitverantwortung für die Vergangenheit über Symbolverzicht und Zerstörung der Zeitzeichen ablegen zu können.

Die Schließung der Kuppel Seit den 60er Jahren des vergangenen Jahrhunderts wird an der beeindruckenden raumprägenden Architektur des Bonatz-Kuppelbaus ständig weiter herumgebastelt. Die Erneuerung bestand im Wesentlichen in der Zerstörung der ursprünglichen Raumidee von Paul Bonatz: der grandiose Kuppelinnenraum, das wichtigste Symbol der klassizistischen Architektur, *das* Alleinstellungsmerkmal des größten Konzertsaales auf dem europäischen Festland, wird geschlossen. Wie konnte man auf eine heutzutage so absurd anmutende Idee kommen? Ganz im Sinne der Nachkriegsmoderne der 60er Jahre wollte man diesen monumentalen Innenraum wohl nicht einfach in der Originalgestalt wiederherstellen. Die hochmoderne Weinbergsitzmodellierung der Zuschauersitze von Paul Bonatz

„Die Bewältigung unliebsamer, vergangener Epochenereignisse in Städtebau und Architektur wird im Nachkriegsdeutschland ungern in Form einer intellektuellen Auseinandersetzung gelöst, die die unterschiedlichen Zeitschichten und Ausdrucksebenen belassen, das bauliche Nebeneinander ertragen oder gar über inhaltliche Bewältigung lösen könnte. Lieber wird der Weg der Zerstörung des unliebsamen architektonischen Ausdrucks als Zeichen für die erfolgreiche Bewältigung eines Problems gewählt."

POTENZIALE

33 Hannover Innenstadt, Überlagerung 1960/1945
Schraffur rot: Straßendurchbrüche der Nachkriegszeit

wurde zu einer konventionellen Parkett- und Ranggalerielösung zurückgebaut, unter dem Vorwand der Transformierung des Kuppelsaales zu einem zunehmend gesichtslosen, banalisierten, dafür aber multifunktionalen Veranstaltungsraum. Im Umgang mit der Kuppel spürt man die ambivalente Haltung der Stadt zu dem Architekturdenkmal deutlich: außen die schamhafte Erhaltung der Baugestalt der Kuppel im Sinne des Denkmales, bei gleichzeitiger Amputation eines historischen Seitenflügels und völliger Zerstörung der axialsymmetrischen, auf die Kuppel bezogenen Landschafts- und Stadtpark- und Wasserarchitektur. Innen wird der beeindruckende Kuppelraum durch Schließung konsequent zerstört, im Sinne einer Funktionalisierung, Entsymbolisierung, Ernüchterung, emotionslosen Abstraktion.

Der grandiose Raumeindruck der Kuppel wurde von einer funktionalen, abgehängten flachen Saaldecke auf einem Drittel der ursprünglichen Raumhöhe abgeschnitten. Der großartige Bonatz'sche Kuppelraum, die eigentliche emotionale Stärke der Saalarchitektur und das zukunftsweisende Weinbergkonzept wurden mit dem Einbau der abgehängten Saaldecke und der neuen Mehrzweckparkettanlage komplett wegrationalisiert: Ein Raumdenkmal wurde weggeschlossen, unsichtbar gemacht. Begründet wurden diese Änderungen nicht mit der Aversion der Zeit gegen das Monumentale in der Architekturform, sondern mit der technisch und funktional leichter zu rechtfertigenden Mehrzwecknutzung und den akustisch notwendigen Korrekturen des Raumes mit baulichen Mitteln eines sogenannten „modernen Funktionalismus".

Die beschriebenen Maßnahmen bewirken wenig: Bis heute bestehen die akustischen Schwächen fort. Die Zerstörungen im Rahmen der Sanierung entlarven diesen Entwurfsansatz der Renovierung als Schein. Später wurde erneut versucht, die weiterhin bestehenden Mängel der Akustik zu korrigieren. Diesmal wurde über dem Orchester ein eiförmiger Plafond mitten unter der neuen Saaldecke im Raum abgehängt. Optisch wurde über die neue, unglücklich niedere Raumproportionierung mit dem zusätzlichen Schallverteiler der grandiose historische Rundbaueindruck – streng technisch begründet natürlich – weiter zerstört.

Die Akustik ist, trotz aller Umbauversuche, Ergänzungsmaßnahmen und Zerstörungen des Denkmals für die Konzertsaalnutzung seit den 60er Jahren bis 2014 unbefriedigend geblieben. Musiker wie Zuhörer berichten bis heute frustriert von ihren Erlebnissen. Der berühmte Komponist und Dirigent Peter Ruzicka beschreibt seine Unzufriedenheit in einem Brief an den Autor vom 14. April 2014 folgendermaßen: „Praktische Berührung mit diesem Saal hatte ich selbst überhaupt nur zweimal, und dies war in den 80er Jahren, als ich als Intendant des Deutschen Symphonie Orchesters Berlin Gastkonzerte in Hannover in diesem Raum vereinbart hatte. Um Ihnen gegenüber ganz offen zu sein: Diese Konzerte gehören für mich zu den fatalsten Erinnerungen an eine gänzlich querständige, extrem unbalancierte Akustik. Wir haben dann beschlossen, nie wieder in Hannover aufzutreten, und ich selbst habe auch später vermieden, dort jemals wieder ein Konzert anzuhören. Soweit ich weiß, hat es ähnliche Erfahrungen auch seitens anderer großer Orchester und ihrer Dirigenten gegeben."

Dies ist nicht einmal nur den gestaltenden Architekten anzulasten. Die falschen architektonisch-raumakustisch wirksamen Entwurfskonzepte sind den damals wenig entwickelten akustisch-wissenschaftlichen Kenntnissen und der noch in den Anfängen steckenden elektroakustischen Technologie geschuldet. Dennoch sind die 3623 Plätze im unvergesslichen, charakteristischen Rundsaal, verbunden mit der architektonischen Gestaltqualität des ursprünglichen Entwurfs, bis heute einzigartig in ganz Europa. Der Saal ist deutlich größer als alle konkurrierenden Säle im Umkreis von 1000 Kilometern: größer als die zukünftige Elbphilharmonie (2150 Zuhörer), als das Gewandhaus in Leipzig (2440), größer als die Philharmonie von Hans Scharoun in Berlin oder als Kulturpalast (2435) und Semperoper (1329) in Dresden.

„Praktische Berührung mit diesem Saal hatte ich selbst überhaupt nur zweimal, und dies war in den 80er Jahren, als ich als Intendant des Deutschen Symphonie Orchesters Berlin Gastkonzerte in Hannover in diesem Raum vereinbart hatte. Um Ihnen gegenüber ganz offen zu sein: Diese Konzerte gehören für mich zu den fatalsten Erinnerungen an eine gänzlich querständige, extrem unbalancierte Akustik. Wir haben dann beschlossen, nie wieder in Hannover aufzutreten, und ich selbst habe auch später vermieden, dort jemals wieder ein Konzert anzuhören. Soweit ich weiß, hat es ähnliche Erfahrungen auch seitens anderer großer Orchester und ihrer Dirigenten gegeben." (Komponist und Dirigent Peter Ruzicka, 2014)

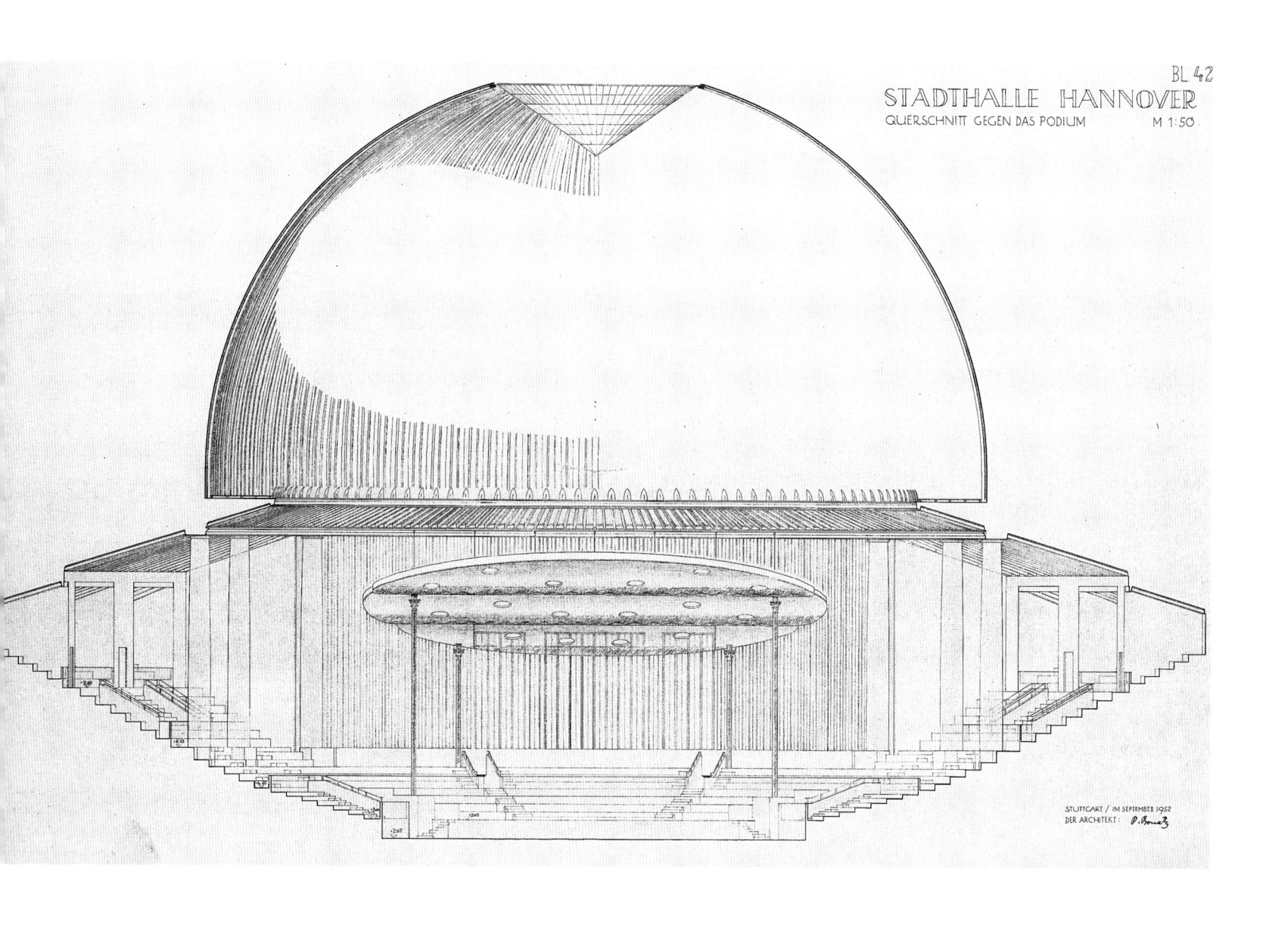

STADTHALLE HANNOVER
QUERSCHNITT GEGEN DAS PODIUM   M 1:50

BL 42

STUTTGART / IM SEPTEMBER 1952
DER ARCHITEKT: P. Bonatz

34 Skizze Paul Bonatz, Wiederaufbau Kuppelsaal, 1952

Die Öffnung der Kuppel – Architektur wird Modell für die Zukunft Hannovers als Stadt der Musikkultur Die Wiederherstellung der Bonatz'schen Kuppelraumarchitektur mit einer hervorragenden Konzertakustik – das könnte nicht nur, das sollte Ziel und Herausforderung für alle Entwurfs- und Sanierungskonzepte zum 100-jährigen Bestehen des Kuppelsaales im Jahr 2014 sein. Zunächst muss allerdings eine Grundsatzfrage geklärt werden: Warum könnte 2014 eine hervorragende Konzertsaalakustik in dem riesigen Rundraum mit Kuppelüberwölbung für 3600 Zuschauer überhaupt realisierbarer sein, wo doch seit 1914 bis heute gerade diese baulichen geometrischen und volumetrischen Vorgaben im Denkmal als eigentlich verantwortlich für die so schlechte akustische Qualität identifiziert worden sind?

Neue Entwurfsmethoden und Denkansätze, ein verändertes Geschichtsverhältnis, neueste Erkenntnisse in der Materialforschung zu akustisch transparenten, reflektierenden, absorbierenden und diffundierenden Oberflächen, die Entwicklung neuer akustischer Simulationsprogramme und noch präziserer Messmethoden am Architekturmodell, neueste Entwicklungen einer geräuscharmen Gebäude- und Haustechnik sowie neue elektroakustische Erkenntnisse und gesteigerte Rechnerleistungen im Simulationsbereich machen dies möglich. Unlängst durchgeführte Sanierungsprojekte von Konzertsälen oder großen Theaterräumen in Düsseldorf zeigen die erfolgreiche Umsetzung dieser architektonisch-technologischen Entwurfs- und Forschungsstrategien, zum Beispiel die Generalsanierung des Schauspielhauses Düsseldorf (Paonessa 2011: 157ff.), ebenso baut die Sanierung des Kuppelraumes der Tonhalle Düsseldorf von 2005 der Architekturbüros PFP Architekten und HPP Architekten Düsseldorf/Berlin auf diesem Prinzip auf.

Die Öffnung der Kuppel – eine sozialpolitische Vision Den Sanierungsmodellen für die Zukunft des Kuppelsaales in Hannover kann als Zielvorstellung also durchaus die Rekonstruktion der Bonatz'schen Raumidee zugrunde liegen. Über ein verändertes Entwurfs-, Architektur- und Technologieverständnis wird die Umsetzung zu einem Paradigmenwechsel im Konzerthallenbau führen. Ein Beispiel grandioser Stadtbau- und Architekturgeschichte Hannovers kann erhalten und für das 21. Jahrhundert zum größten Konzerthaus mit natürlicher Akustik auf dem europäischen Festland ausgebaut werden. Während andere Städte ihre Konzerthäuser mit enormen Investitionen aus den öffentlichen Haushalten erst neu errichten müssen, um sie zu bespielen, braucht die Stadt Hannover ihren vorhandenen architektonischen Schatz, den Kuppelsaal, nur zu heben und für die Zukunft vorzubereiten. Mit vergleichsweise geringem Aufwand kann der Bonatzbau für die nächsten 100 Jahre bei der Realisierung der neuartigen Entwurfsmodelle zum einzigartigen Konzertraumerlebnis in seiner Ursprungsgestalt wiederhergestellt werden und neu erstrahlen.

Es bleibt die Frage, inwieweit die Stadt Hannover, die politischen Kräfte, die Bürger der Stadt, die Menschen vor Ort diesen Jahrhundertbau, dieses architektonische Meisterwerk mit seiner monumentalen Umsetzung einer einmaligen städtebaulichen und architektonischen Raumidee als neues altes Bild ihres Kultur- und Musikverständnisses für die Zukunft in ihrer Stadt ertragen können. Oder wird, wie so oft in der Geschichte Hannovers, kurz vor Schluss aus Angst vor Besonderheit, vor der internationalen Sichtbarkeit eigener Größe, die Jahrhundertchance verschoben auf ein nächstes, darauffolgendes Jahrhundert?

Wir meinen, dass es neue Wege geben wird. Dazu ist 2014 wie bereits 1914 erneut eine selbstbewusste Stadt- und Kulturbürgergeneration gefordert, die mit ihrem persönlichen Engagement die Politik unterstützt, ihr zu verstehen gibt, dass die Wiederherstellung des Kuppelsaales als eines der bedeutendsten architektonischen Zeichen der Kulturgeschichte Hannovers notwendig ist – ganz so, wie es vor 100 Jahren war, als es im Zusammenwirken von

„Über ein verändertes Entwurfs-, Architektur- und Technologieverständnis wird die Umsetzung zu einem Paradigmenwechsel im Konzerthallenbau führen. Ein Beispiel grandioser Stadtbau- und Architekturgeschichte Hannovers kann erhalten und für das 21. Jahrhundert zum größten Konzerthaus mit natürlicher Akustik auf dem europäischen Festland ausgebaut werden."

ENTWURF FÜR EINE STADTHALLE IN HANNOVER.

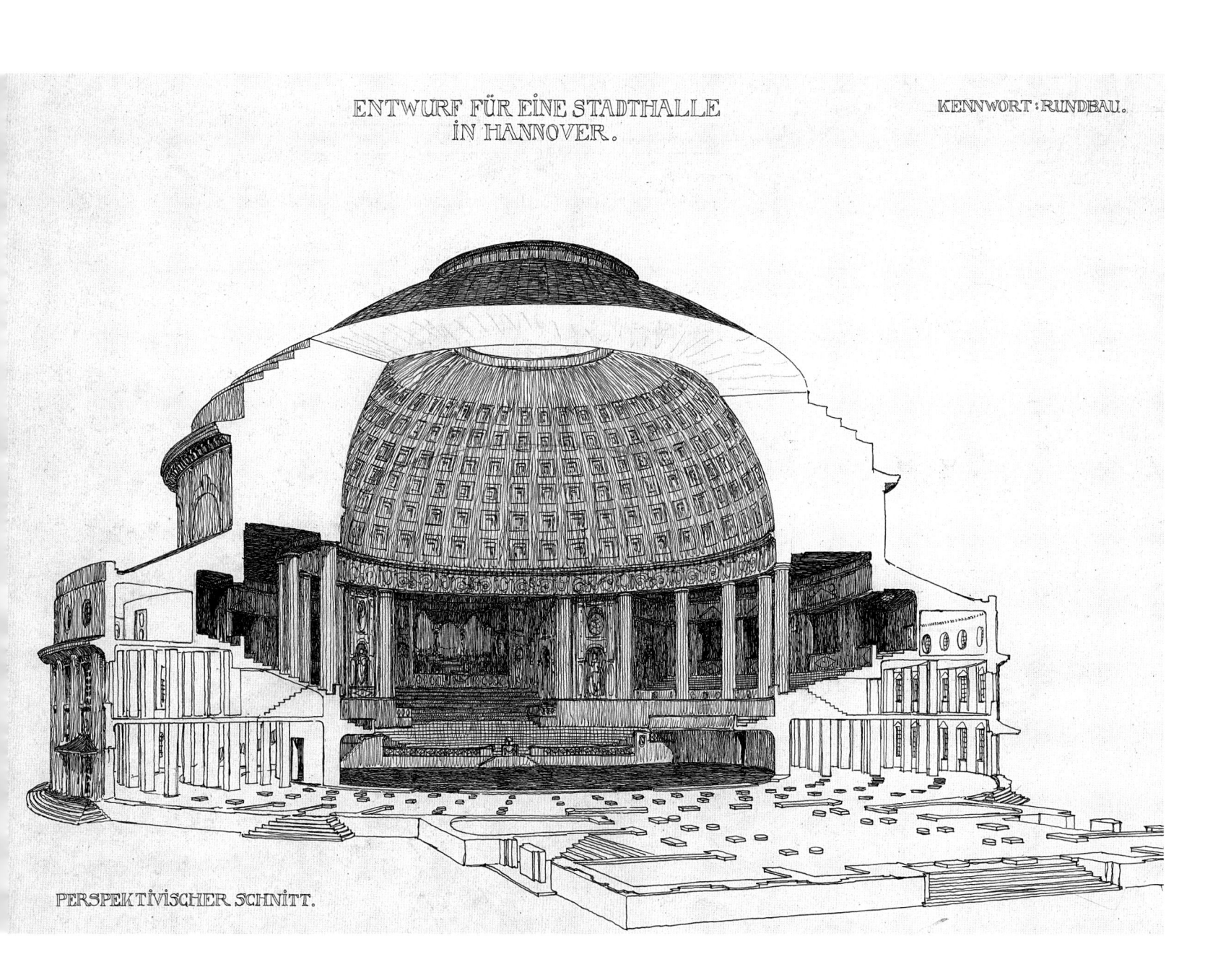

KENNWORT: RUNDBAU.

PERSPEKTIVISCHER SCHNITT.

35 Skizze Paul Bonatz, Perspektivischer Schnitt, Entwurf Innenraum, 1911

Politik, getragen von der Person des damaligen Oberbürgermeisters, und engagiertem Bürgertum überhaupt erst zum Bau des europaweit bedeutsamen Konzertsaaldenkmales kommen konnte. Für die Zukunft wird der rekonstruierte Kuppelsaal der Stadt und Region Hannover einen Konzertstandort auf höchstem europäischem Niveau sichern. Dies stellt einen neuen wertvollen Standortfaktor und ein bedeutendes Marketinginstrument für die Region Hannover dar.

Für Denkmalpflege und Architektur der Gegenwart kann die anstehende Sanierung im Jahre 2015 mit Freilegung der großartigen Raumkuppel die Transformation eines Architekturdenkmales von 1914 zum modernsten Konzertsaal Europas bedeuten, auf Augenhöhe mit der zukünftigen Elbphilharmonie in Hamburg oder der Philharmonie in Berlin. Darüber hinaus öffnet der Bonatzbau – weil für deutlich mehr Menschen konzipiert als die übrigen Konzertsäle in Europa – die Vision eines beispielgebenden sozialpolitischen Kulturprojektes, welches nur in Hannover Realität werden kann, weil es seinen großen Konzertsaal in Gestalt des Kuppelsaales bereits hat. Große Musikkultur, erleb- und hörbar gemacht auf höchstem Niveau, wird endlich erschwinglich für möglichst viele Menschen aus allen Schichten der Bevölkerung werden.

36 Hannover Karte 1922, öffentliche Gebäude

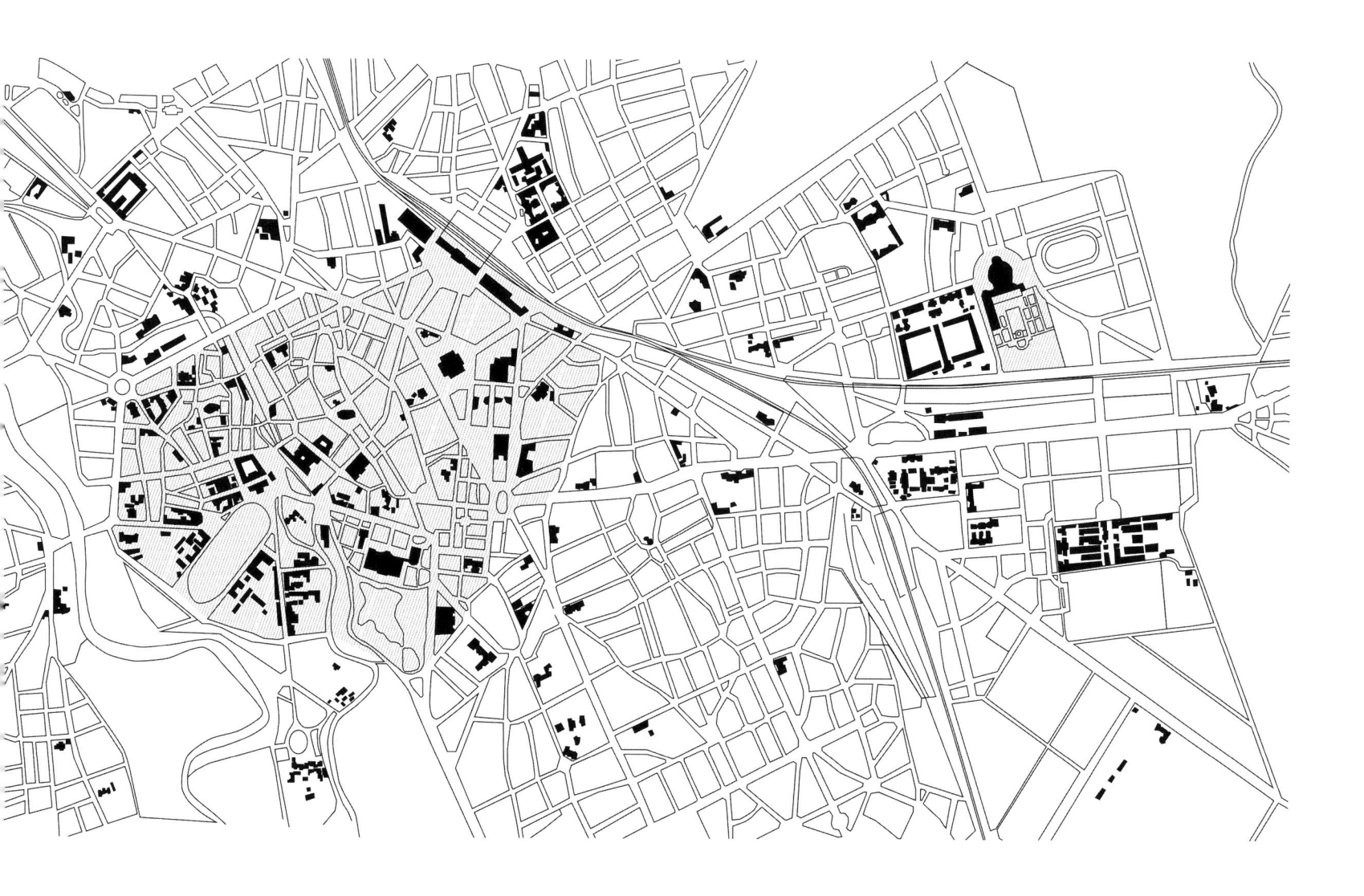

Christoph Borchers, Annett Mickel-Lorenz **Stadtbild und Stadtidentität –
Die Kuppel im Stadtkörper von Hannover**

Eine enge Bindung der Bürgerinnen und Bürger an ihre Stadt entsteht über erinnerungsfähige Bilder. Diese gebauten Stadtbilder entstehen durch individuelle städtebauliche Ensembles, charakteristische Gebäude und eine eigene Stadtbaukultur, die sich in besonderen Bautypologien oder Materialien widerspiegelt.

Der lesbare Bezug zur Geschichte der Stadt im Stadtkörper spielt in europäischen Städten eine besonders wichtige Rolle. Der Soziologe Walter Siebel verweist in seiner Theorie zur „europäischen Stadt" auf den Idealtypus der europäischen Stadt, die sich in ihrer Geschichte, ihrer Struktur und in ihrer Kultur von den Städten anderer Kontinente unterscheidet. Eines der konstituierenden Merkmale der europäischen Stadt ist die „Präsenz von Geschichte". Die moderne bürgerliche Gesellschaft ist in diesem Stadttypus entstanden. Die europäische Stadt ist der historisch geprägte Ort. Der Stadtbewohner kann sich mit einem Gang durch die Stadt seiner eigenen Geschichte vergewissern und er hat ein Interesse daran, sich diese Identität zu bewahren (Siebel 2004: 13). Ein wichtiger Orientierungspunkt in der Stadtstruktur sind bei diesem Gang durch die Stadt die öffentlichen Gebäude mit überragenden Dimensionen, sie bestimmen die Stadtsilhouette und beherrschen das Stadtbild. Der Architekturhistoriker Spiro Kostof stellt sich in seinem Buch *Das Gesicht der Stadt: Geschichte städtischer Vielfalt* die Frage: „Was ist eine Stadt?". Dabei beschreibt er die monumentalen Gebäude als ein wesentliches Kennzeichen: „Städte sind durch monumentale Gebäude, die sich von der übrigen Siedlungsstruktur abheben, gekennzeichnet. Eine Reihe öffentlicher Gebäude und Wahrzeichen geben der Stadt ihre Prägung und ermöglichen ihren Bürgern eine gemeinsame Identifikation." (Kostof 1992: 40)

Ein Gebäude dieser Art ist die 1914 eröffnete Stadthalle Hannover, heute unter dem Namen Hannover Congress Centrum (HCC) bekannt, mit ihrem zentralen Kuppelbau von Paul Bonatz und Friedrich Eugen Scholer. Ihre Erbauung geschieht in einer Phase enormer städtebaulicher Veränderungen. Im Zuge der Industrialisierung kommt es in Hannover zu einem massiven Stadtwachstum. Von 1850 (30.000 Einwohner) bis 1913 (316.300) verzehnfacht sich die Stadtbevölkerung durch Zuzug und Eingemeindungen (Knocke, Thielen 2007: 11). Während die historische Altstadt an Bedeutung verliert, weitet sich die Stadt über die Grenzen ihrer ehemaligen Befestigung aus und entwickelt ein neues Geschäftszentrum Richtung Bahnhof.

Bis 1866 ist Hannover die Hauptstadt des Königreichs Hannover. Das Königshaus ist ein starker Förderer der Musik. Dies entspricht auch dem Interesse des musikalisch engagierten Bürgertums. Das rege Musikleben in der Stadt zieht Musiker und Komponisten an. Bereits Mitte des 19. Jahrhunderts entstehen Pläne für eine Konzerthalle (Apell-Kölmel 1989: 33–41).

Durch den Einmarsch der Preußen im Jahr 1866 wird diese kulturelle Entwicklung schlagartig beendet. Hannover wird von der Hauptstadt eines Königreichs zur Hauptstadt einer preußischen Provinz. Bedeutende Künstler werden von nun an nach Berlin berufen.

1891 wird Heinrich Tramm Stadtdirektor von Hannover. Als Sohn des ehemaligen königlichen Hofbaumeisters Heinrich Christian Tramm handelt er aus einem starken architektonisch-städtebaulichen Bewusstsein. Begünstigt durch die wirtschaftliche Lage, den durch Zuwachs bedingten Neubaubedarf und seine starke politische Position stellt er die Weichen für eine großflächige Stadtentwicklung. Dazu gehören die Anlage neuer Wohn- und Villenviertel im Osten Hannovers, der Ausbau der Eilenriede zu einem Naherholungsgebiet mit diversen attraktiven Cafés und Waldgaststätten, der repräsentative Neubau des Neuen Rathauses, kulturelle Anziehungspunkte wie Provinzial- und Kestnermuseum und Funktionsbauten wie das Goseriedebad.

„Städte sind durch monumentale Gebäude, die sich von der übrigen Siedlungsstruktur abheben, gekennzeichnet. Eine Reihe öffentlicher Gebäude und Wahrzeichen geben der Stadt ihre Prägung und ermöglichen ihren Bürgern eine gemeinsame Identifikation."

POTENZIALE

37 Hannover-Zoo, Luftaufnahme um 1917

„Durch ihre Lage im östlichen Zooviertel hinter dem Bahndamm ist sie weder für Touristen noch für viele Einwohner präsent. Der geplante östliche Teil des Zooviertels wurde durch den Bau des Hindenburgstadions (heute Eilenriedestadion) nie realisiert, sodass die Stadthalle auch im Zooviertel immer eine Randposition behielt. Nahestehende Neubauten wie das Congress Hotel führten nicht zu einer Einbindung der Stadthalle in das Viertel, sondern zu einer Schwächung ihrer Präsenz. Der wichtigste Faktor ist das unzusammenhängende Bild von außen und innen, welches die Stadthalle an sich abgibt. Außen- und Innenwahrnehmung bilden bei der Stadthalle mit dem zentralen Kuppelbau keine Einheit."

Tramm zielte darauf ab, die Stadt nach einer langen Phase der preußischen Einschüchterungspolitik im nationalen Vergleich wieder aufzuwerten und das Selbstbewusstsein der Einwohner wieder zu stärken (Apell-Kölmel 1989: 42-48). Das Projekt Stadthalle beruht neben der rationalen Notwendigkeit größerer Veranstaltungsflächen auf dem in der Stadtgesellschaft verwurzelten Wunsch, an die alte Musiktradition anzuknüpfen. Somit wird die Stadthalle zum Bedeutungsträger für das neugewonnene Selbstbewusstsein der Hannoverschen Bürgerschaft.

Dass die Stadthalle nicht wie lange geplant im Zentrum, sondern im Zooviertel gebaut wird, ist eine Entscheidung Tramms gegen alle Kritik. Er plant sie als Mittelpunkt eines neu entstehenden gutbürgerlichen Wohnviertels auf dem ehemaligen Militärgelände der kleinen Bult. Sie wird das letzte repräsentative Gebäude der Kaiserzeit in Hannover. Ihre zurückhaltende neoklassizistische Fassade verweist bereits auf eine sich verändernde Baugesinnung zum Ende des Historismus (Waldemar, Röhrbein 1979: 67).

Noch immer prägt sie das Bild der Stadt, ihr räumliches Gefüge und ist ein Wahrzeichen von Hannover. Dennoch hat die Stadthalle in den Köpfen der Bürger nicht mehr die Präsenz, die sie durch ihre bauliche Struktur und ihre baukulturelle Bedeutung eigentlich haben müsste. Dies hat mehrere Gründe. Durch ihre Lage im östlichen Zooviertel hinter dem Bahndamm ist sie weder für Touristen noch für viele Einwohner präsent. Der geplante östliche Teil des Zooviertels wurde durch den Bau des Hindenburgstadions (heute Eilenriedestadion) nie realisiert, sodass die Stadthalle auch im Zooviertel immer eine Randposition behielt. Nahestehende Neubauten wie das Congress Hotel führten nicht zu einer Einbindung in das Viertel, sondern zu einer Schwächung ihrer Präsenz. Der wichtigste Faktor ist das unzusammenhängende Bild von außen und innen, welches die Stadthalle an sich abgibt. Außen- und Innenwahrnehmung bilden bei der Stadthalle mit dem zentralen Kuppelbau keine Einheit. Von außen ist sie als monumentales Bauwerk aus der Zeit von 1914 weitestgehend bewahrt, dessen ungeachtet ist im Inneren der zentrale Kuppelsaal in den 60er Jahren verunstaltet worden. Der gigantische Kuppelraum ist seitdem nicht mehr wahrnehmbar, er verschwand hinter einer abgehängten Saaldecke. Das Spezifische der Stadthalle ging damit verloren; sie wirkt nun wie ein beliebiger Konzertraum ohne eigenen Charakter. Hier hat eine Auflösung der Beziehung zwischen Form und Inhalt stattgefunden. Die Metaphern, die in der Architektur des Kuppelsaals angelegt wurden, sind nicht mehr lesbar und erfahrbar. Die Besucher können den Raum nicht mehr „als steinernes Abbild des Universums" wahrnehmen und nichts von der „Thematik des Kosmischen und der Thematik des Lebens" ist mehr lesbar. Im Innenraum ist die durch die Form der Kuppel und die Beleuchtung angelegte Verwandtschaft zum Pantheon in Rom nicht mehr spürbar: „bei Tage der Sonnenstrahl aus dem Kuppelzenit, nachts die kreisförmig, sternengleich vom Kuppelscheitel herabhängenden Lampen kombiniert mit der gleichmäßigen Anstrahlung der Kuppel von den Säulen aus – ein leuchtendes Himmelsgewölbe." (Apell-Kölmel 1989: 233-234).

In der Erinnerung des Einzelnen ergibt sich somit aus dem Eindruck vom Inneren des Kuppelsaals und dem äußeren Anblick der Kuppel kein homogenes Bild. Dieses wäre aber nötig, um einen bleibenden Eindruck zu hinterlassen. Die Bild- und damit die Erinnerungskraft der Stadthalle und des Kuppelsaals verlieren an Stärke. Dieser Umstand ist nicht nur für das Gebäude an sich ein Verlust, sondern für das gesamte Stadtbild. Die Wiederherstellung der Außen- und Innenwirkung der Kuppel und des Kuppelsaals durch eine innere Rekonstruktion wäre ein großer Beitrag für das Stadtbild von Hannover. Das Bild von der Stadthalle würde wieder an Kraft gewinnen und einen Mehrwert für den städtischen Raum generieren. Ein einprägsames Bild des Gebäudes erleichtert es den Stadtbürgern, einen Bezug zu dem Bau zu finden, ihn sich anzueignen.

POTENZIALE

Die Stadthalle: Hannovers Wahrzeichen — Sprengel-Schokolade: Hannovers Glanzpunkt!

Dieses homogene Bild ist nicht nur wichtig für die Identifikation der Stadtbürgerinnen und Stadtbürger mit ihrer Stadt, sondern hat darüber hinaus einen wichtigen politischen und ökonomischen Nutzen für die Stadt. Seit den 1980er Jahren ist der Druck auf die Städte gestiegen, gezielt für sich zu werben. Der Zwang, sich zu inszenieren und gegenüber großen Einheiten wie der Europäischen Union „Wettbewerbsfähigkeit" zu beweisen sowie der Druck auf die Städte, sich im globalen Wettbewerb zu behaupten, sind auffallend angestiegen (Löw 2008: 119). Zudem ist der ansteigende Städtetourismus mancherorts zu einem wichtigen Wirtschaftszweig geworden. Die Soziologin Martina Löw beschreibt den „Kampf" der Städte um unverwechselbare Stadtbilder als Überlebensstrategie auf einem globalisierten Markt. Nicht nur die Einwohnerschaft von Hannover würde einen Nutzen von der Rekonstruktion der Kuppel haben, sondern auch der Tourismus hätte eine neue Attraktion hinzugewonnen. Zu welchen großen Anziehungspunkten Kuppeln im Stadtraum werden können, zeigen alte Beispiele wie das Pantheon in Rom, aber auch neue Beispiele wie die Kuppel auf dem Reichstag in Berlin oder die wiederhergestellte Kuppel der Frauenkirche in Dresden. Die Stadthalle Hannover (HCC) würde wieder zu einem Touristenziel. Die Stadt Hannover würde mit einem rekonstruierten Kuppelsaal einen entscheidenden Beitrag für ihr Stadtbild und die Stadtidentität leisten.

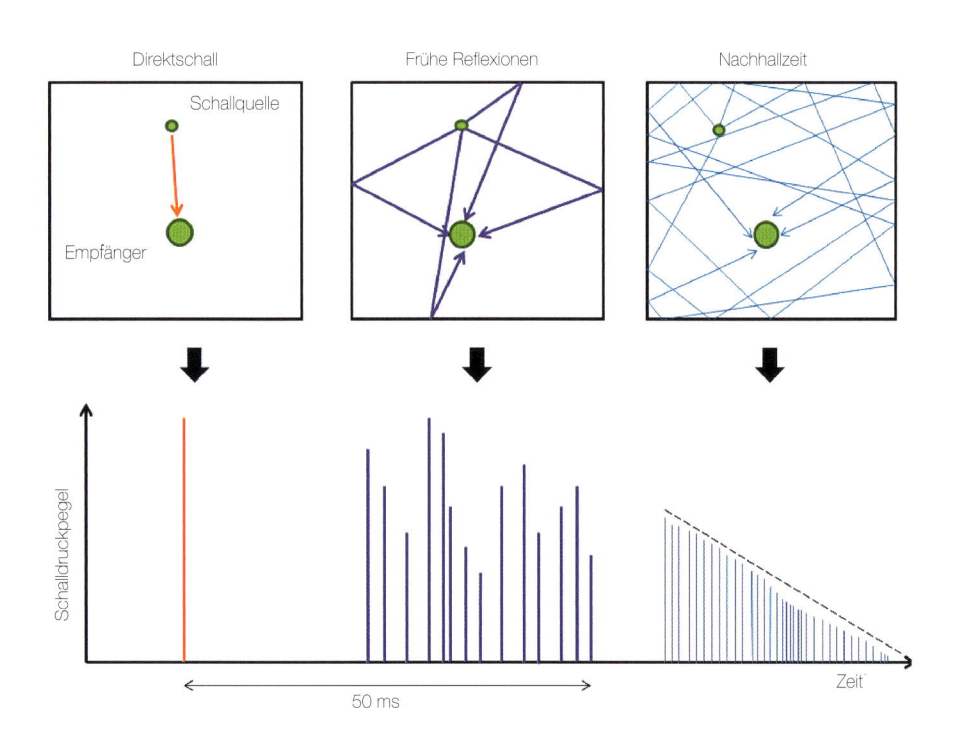

39 Grafik: Schallverteilungen
Für den Saal ist eine gute und gleichmäßige Verteilung des Schalls zu erreichen. Seitlich eintreffende Frühreflexionen sind für das räumliche Hören essenziell und haben einen besonderen Stellenwert.

Gernot Kubanek   **Von der Theorie zur Empirie – Über die akustische Simulation gerundeter Raumstrukturen**

Zu Beginn der Entwurfsarbeit zur Errichtung eines raumakustisch hochwertigen Konzertsaales sind die Zielsetzungen und Nutzungsschwerpunkte im Rahmen einer Diskussion zu definieren. In dieser sehr frühen Phase ist es unumgänglich, Erfahrungswerte vorhandener Konzertsäle bzw. Raumkonzeptionen in eine Übersichtsbetrachtung mit aufzunehmen.

Hieraus resultieren Schlussfolgerungen für die Größe und die mögliche Form des Konzertsaales, das heißt der Primärgeometrie, wobei zunächst ein großes Spektrum an Varianten möglich ist. Bestimmte geometrische Formen sind für einen Konzertsaal für die Akustik besonders zu bevorzugen. Hinzu kommt die Anordnung der Hörerflächen, zum Beispiel in Form von Weinbergstrukturen, als wichtige Einflussgröße auf die Akustik. Neben der Primärgeometrie ist die Sekundärgeometrie, gebildet beispielsweise durch Saalverkleidungen, die nächste wichtige Einflussgröße auf die Akustik eines Konzertsaals. Maßgeblich ist das Zusammenwirken zwischen der gewählten Primär- und Sekundärgeometrie. Durch sorgfältige und differenzierte Justierung können aber auch Primärgeometrien wie Arenenformen oder runde Grundrissformen bis hin zur dreidimensional gerundeten Kuppelform geeignet gestaltet werden, wie verschiedene gelungene Beispiele dokumentieren. Dies erfordert einen sehr intensiven und insbesondere integrativen Abstimmungsprozess zwischen Architektur und Akustik auf der einen Seite; auf der anderen Seite müssen natürlich auch die Belange des Nutzers und insbesondere des Orchesters hervorragend gelöst sein. Zusammengefasst muss eine in sich stimmige und konsequente Komposition entstehen, die die Wahrnehmung des Menschen intuitiv für das Zusammenwirken von Raum und Musik öffnet.

Auf Basis dieser Philosophie der Herangehensweise sind akustische Betrachtungen oder Wahrnehmungen nicht als Solitär gegeben. Die akustischen Aspekte sind vielmehr in einem Kontext von Architektur, Raumform, Materialität und weiteren Elementen zu sehen; das heißt, sie beeinflussen sich gegenseitig. So ist es beispielsweise empfehlenswert, im Bereich der Bühne Holzoberflächen anzubringen, was sich nicht unbedingt auf physikalische Eigenschaften wie Schallabsorption oder Schallreflexion zurückführen lässt. Im Bereich der „Klangerzeugung" ist das Herstellen von materieller „Wärme" deckungsgleich mit der Entstehung von Musik und Klang bzw. von Emotionen. Gleichsam bewirkt ein phänomenaler Raumeindruck, wie das Beispiel der Berliner Philharmonie unzweifelhaft dokumentiert, eine außergewöhnliche Erwartungshaltung, welche sich auch in der Erwartungshaltung des Höreindrucks niederschlägt.

Der Weg von der Theorie zur Empirie beginnt mit einigen physikalischen Gesetzmäßigkeiten, die für das räumliche Hören wesentlich sind. Diese stellen Leitlinien dar, welche es in den Entwurf der Primär- und Sekundärgeometrie unmittelbar zu integrieren gilt. Für einen Konzertsaal ist eine gute und gleichmäßige Verteilung des Schalls sowohl für die Musiker/Künstler als auch die Zuhörenden zu erreichen. Die frühen – das bedeutet zeitnah, bis ca. 50–80 Millisekunden hinter dem Direktschall eintreffenden – Reflexionen nehmen einen besonderen Stellenwert ein. Das Gehör des Menschen entnimmt diesen frühen Reflexionen zusammen mit dem Direktschall die wesentliche Information der Musik bzw. des Klangs. Die spät eintreffenden Reflexionen, die auch Nachhall genannt werden, ermitteln eher Informationen über die Größe des Raumes. Seitlich eintreffende Frühreflexionen sind für das räumliche Hören essenziell und werden durch das Zusammenwirken zwischen Primär- und Sekundärgeometrie erreicht. Das menschliche Gehör ist für die seitlichen Frühreflexionen besonders empfindsam und verbindet mit ihnen eine Verbreiterung des Klangs und der Raumwirkung. Diese Verbreiterung des Klangs

„Maßgeblich ist das Zusammenwirken zwischen der gewählten Primär- und Sekundärgeometrie. Durch sorgfältige und differenzierte Justierung können aber auch Primärgeometrien wie Arenenformen oder runde Grundrissformen bis hin zur dreidimensional gerundeten Kuppelform geeignet gestaltet werden, wie verschiedene gelungene Beispiele dokumentieren."

POTENZIALE

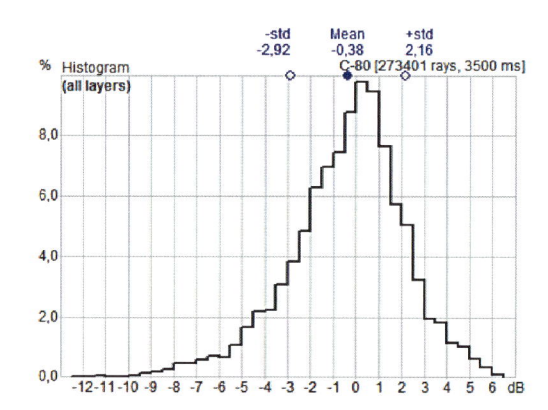

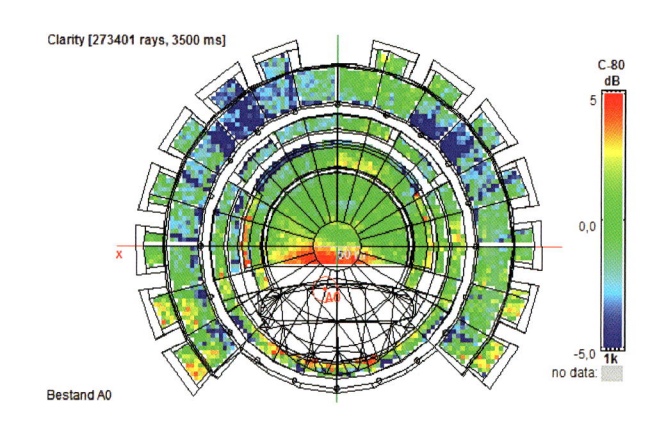

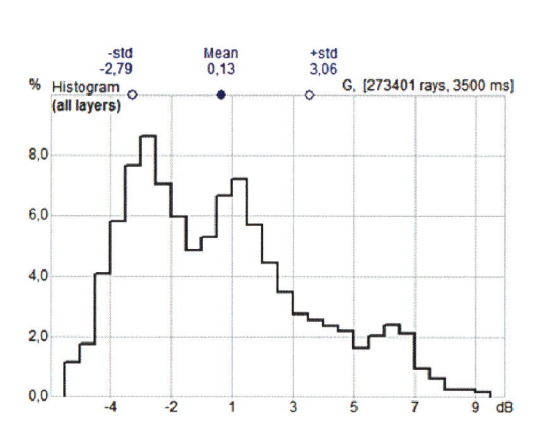

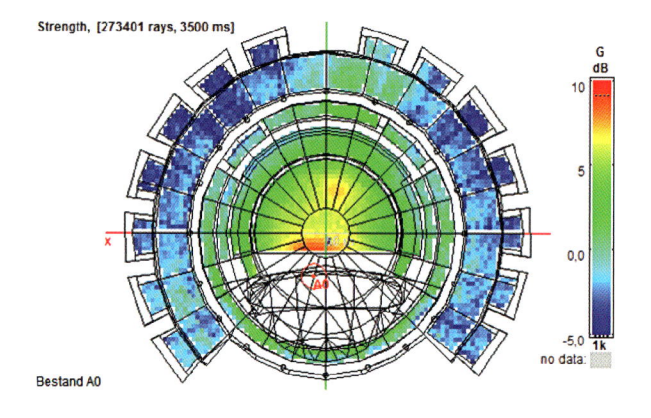

40 + 41 Kuppelsaal Bestand Klarheitsmaß: unausgewogen, stellenweise (insbesondere Rangbereich) sehr niedrig

42 + 43 Kuppelsaal Bestand Stärkemaß: zu niedrig, besonders obere Rangbereiche

oder auch die Umspülung des Zuhörers wird sinnvoll ergänzt durch den Aspekt der Diffusität des Klangs. Sie erzeugt eine Lebendigkeit und wird durch die Oberflächengestaltung der Sekundärstruktur maßgeblich beeinflusst. Gleichsam ist es wesentlich, die Podiumsfläche gut in die Gesamtanordnung des Raumes zu integrieren. Ihre Position ist von Bedeutung für den Kontakt zwischen Orchester und Publikum wie auch für die Funktion des Klangkörpers bzw. Orchesters an sich. Neben der Hörsamkeit für das Publikum sei aber zunächst die Hörsamkeit der Künstler und Musiker hervorgehoben. Damit das Orchester in der Lage ist, ein Klangbild zu formen, muss ein gutes (bzw. ein sehr gutes) gegenseitiges Hören gegeben sein. Dies betrifft die Hörsamkeit innerhalb einer Instrumentengruppe, aber auch die Wahrnehmung weiterer oder zum Teil unmittelbar korrespondierender (zum Beispiel Tenorhörner und Tuben) Instrumente oder Klanggruppen. Der Musiker muss neben der Wahrnehmung und dem Abgleich seines eigenen Instrumentes auch die gesamtheitliche Wahrnehmung des Orchesters und des Musikstückes erfahren, damit er sich in puncto Dynamik, Tempo und Artikulation (nahezu intuitiv) in dieses Gesamtgefüge integrieren kann. Natürlich wird die gesamte „Koordination" des Klangkörpers durch den Dirigenten angeleitet, für den die Erfordernis des gesamtheitlichen, aber gegebenenfalls auch differenzierten Hörens in besonderer Weise gilt. Je besser bzw. angemessener sich die Musiker untereinander hören, desto einfacher und qualitätsvoller wird das Gesamtergebnis sein. Dies wird unter anderem durch seitliche Begrenzungsflächen um das Podium herum sowie durch flexibel höhengestaffelte Podiumsebenen erreicht. In einer Höhe von etwa neun bis zwölf Meter oberhalb des Podiums haben sich flexibel justierbare Deckenreflektoren bewährt. Die Flexibilität der benannten Maßnahmen sichert die Einflussnahme des Künstlers, was bei unterschiedlichen Nutzungsvarianten in der Aufführungspraxis vorteilhaft ist. Aus diesen Überlegungen erfolgen als weitere Schritte der Methodik stufenweise die Analysen und Bewertungen in Form von digitalen und physikalischen Modelluntersuchungen. Sowohl die digitalen als auch die physikalischen Modelluntersuchungen stellen in den jeweiligen Stadien des Entwurfs wichtige Werkzeuge dar. Sie ergänzen sich und erhöhen die Planungssicherheit beim Justieren der Einzelschritte im gesamten Planungsprozess. Anhand des digitalen Modells werden die theoretischen Überlegungen praktisch überprüft. Auf dieser Basis können erste Prognosen der raumakustischen Funktion, hier anhand der Sprachverständlichkeit, ermittelt werden. Im weiteren Verlauf werden physikalische Modelluntersuchungen eingesetzt, die bestimmte Aspekte der digitalen Modelluntersuchungen ergänzen. So eignet sich das physikalische Modell beispielsweise besser zur Untersuchung von Beugungseffekten an Raumkanten. Auf der anderen Seite können Variantenüberlegungen im digitalen Modell schneller analysiert werden. Dies hat unbestrittene Vorteile insbesondere im frühen Entwurfsstadium, in dem noch verschiedene Wege offen gehalten werden. Insofern stehen beide Modelluntersuchungen nicht in Konkurrenz zueinander, sondern ergänzen sich in einer konstruktiven Symbiose. Im physikalischen Modell wird dann auch maßstabsverkleinert (zum Beispiel im Maßstab 1:20) die Raummodellierung erstellt. Die akustischen Untersuchungen finden ebenfalls mit dem Faktor 1:20 übersetzt statt, was bedeutet, dass das akustische Verhalten bei 100 Hertz im Realraum im Modell bei einer Frequenz von 2000 Hertz untersucht wird. Die raumakustischen Oberflächeneigenschaften, wie Schallabsorption, Diffusion usw., werden ebenfalls mit diesem Faktor abgebildet. Die Schallabsorption, welche in der Realität bei 1000 Hertz untersucht wird, muss damit in diesem Modell eine entsprechende Eigenschaft bei 20.000 Hertz aufweisen. Für die Schallquellen werden die differenzierten Abstrahlcharakteristiken beispielsweise eines Orchesters abgebildet, um den realen Nutzungsfall differenziert nachstellen zu können. Alternativ zu einer Mikrofonaufnahme erfolgt die Untersuchung mit einem maßstabsverkleinerten Kunstkopf, der dem Aspekt des räumlichen Hörens Rechnung trägt.

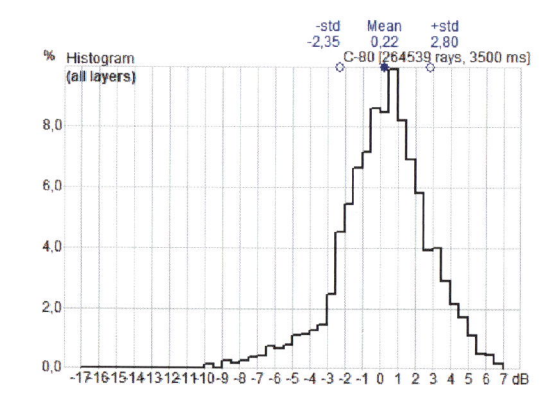

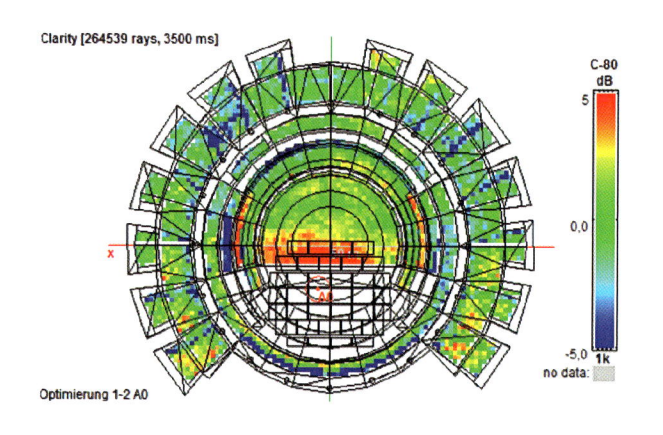

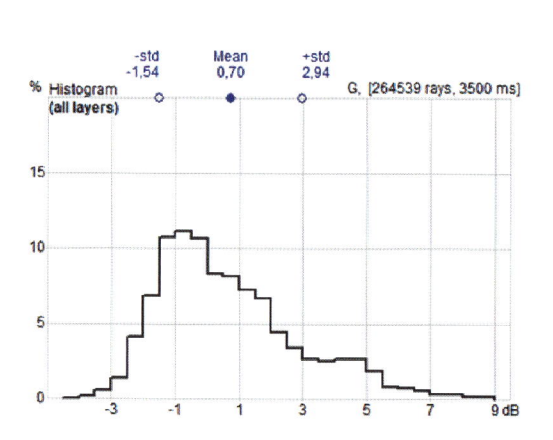

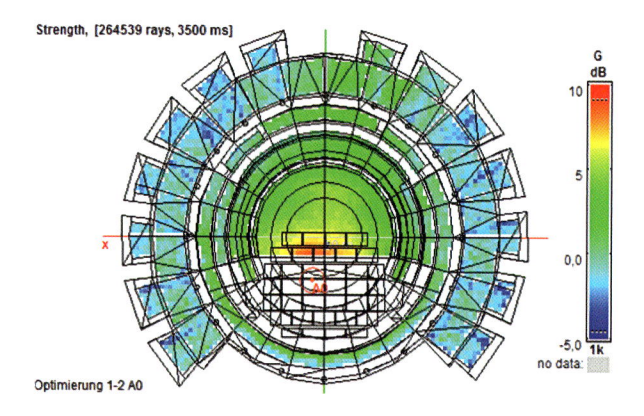

44 + 45 Kuppelsaal Optimierung Klarheitsmaß: insgesamt deutlich
angehoben und ausgewogener, besonders Rangbereiche

46 + 47 Kuppelsaal Optimierung Stärkemaß: deutliche Verbesserung,
besonders in Rangbereichen, ausgewogenere Schallverteilung

„Zur Nachhallzeitkorrektur sind oberhalb der akustisch ‚semitransparenten' Zwischendecke schallabsorbierende Maßnahmen angebracht. Zwar wurde hierdurch zu einem gewissen Maß die Nachhallzeit justiert, doch mit keinem eindeutigen Erfolg. Das enorme Ausmaß dieser Korrekturen wirkt kontraproduktiv auf die Gesamtakustik des Raumes: Durch die Schallabsorption wird dem Konzertsaal, oder auch dem Klangkörper, Energie entzogen, die viel sinnvoller den Personen im Saal zur Optimierung der Hörsamkeit zugeführt werden sollte."

Untersuchung Kuppelsaal Die vorhandene raumakustische Qualität des Kuppelsaales in Hannover ist mit verschiedenen Merkmalen behaftet, die dazu führen, dass eine besondere Eignung als Konzertsaal für klassische Musik derzeit nicht gegeben ist. Defizite bestehen sowohl für das gegenseitige Hören der Musiker/Künstler untereinander als auch hinsichtlich der Hörsamkeit in nahezu allen Bereichen des Publikums.

Es hat in der Historie verschiedene Versuche gegeben, die Hörverhältnisse zu optimieren, die jedoch in der gegenwärtigen Form weiterhin als nicht zufriedenstellend zu bewerten sind. Maßgeblich für diesen Umstand ist das Zusammenwirken zwischen der vorhandenen Primärgeometrie des Kuppelsaals und der gewählten Sekundärstruktur. Hieraus resultieren höchst ungleichmäßige Verteilungen, Verschattungen und zu geringe frühe Reflexionen, sowohl für die Musiker/Künstler als auch die Zuhörenden. Seitlich eintreffende Frühreflexionen, die für das räumliche Hören essenziell erforderlich wären, sind nahezu nicht gegeben.

Zur Nachhallzeitkorrektur sind oberhalb der akustisch „semitransparenten" Zwischendecke schallabsorbierende Maßnahmen angebracht. Zwar wurde hierdurch zu einem gewissen Maß die Nachhallzeit justiert, doch mit keinem eindeutigen Erfolg. Das enorme Ausmaß dieser Korrekturen wirkt kontraproduktiv auf die Gesamtakustik des Raumes: Durch die Schallabsorption wird dem Konzertsaal, oder auch dem Klangkörper, Energie entzogen, die viel sinnvoller den Personen im Saal zur Optimierung der Hörsamkeit zugeführt werden sollte. Auch der mögliche Dynamikbereich des Orchesters und die damit verbundene musikalische Gestaltungsmöglichkeit werden durch die Umbauten unnötig eingeengt. Schallabsorbierende Maßnahmen in dem zurzeit vorhandenen Umfang sind demnach für klassisch genutzte Konzertsäle kein probates Mittel. Für den Kuppelsaal wurden umfangreiche digitale Modelluntersuchungen durchgeführt, die nachfolgend auszugsweise dargestellt sind. Es wurden definierte Maßnahmen im Bereich der Bühne wie auch der weiteren Wandgestaltung und Deckengestaltung im Saal in einzelnen Modulen untersucht. Für die Darstellungen wurden zwei Kriterien ausgewählt, die dokumentieren, wie sich die Aspekte Klarheitsmaß (Klarheit des Klangs) und Stärkemaß (Lautstärke des Klangs) in den betrachteten Varianten zueinander verhalten. Hier zeigt sich, wie gegenüber der Bestandssituation eine Optimierung der vorher genannten Kriterien durch definierte Maßnahmen erzielt wird.

Fazit Durch zusätzliche Diffusitätsmaßnahmen (zum Beispiel durch die Einfügung von Seitenwänden, Verkleidungen von Brüstungen etc.) und durch schalllenkende Maßnahmen wird der Kuppelsaal akustisch deutlich aufgewertet. Das Klarheitsmaß ebenso wie das Stärkemaß können signifikant erhöht werden, insbesondere in den oberen Rangbereichen. Es wird eine gleichmäßigere Schallverteilung im Saal erreicht, die mit der Beseitigung von Schallfokussierung bzw. Echoerscheinungen einhergeht. Die additive Integration elektroakustischer Elemente zur Erweiterung der multifunktionalen Nutzungen – angefangen von Vorträgen über Galas hin zu Musicals oder Rock-/Pop-Konzerten – ergänzt die bauliche Konzeption, um einen möglichst breiten Nutzungsfächer akustisch perfekt abbilden zu können.

Ausblick Neben den vorigen, zum Teil bereits entwickelten Gedanken ergibt sich bei konsequenter Betrachtung im Sinne einer optimierten Konzertsaalakustik der Ansatz, die Anordnung und Staffelung der momentanen Hörerflächen zu betrachten. Bei einem Konzertsaal der vorliegenden enormen Größe und mit einer kuppelüberwölbten Zentralbaurundform stellt grundsätzlich die Arenenform, bei der das Podium sich in die Mitte des Raumes verlagert und vom Publikum über differenzierte Höhenstaffelungen („Weinbergsprinzip") – in Teilbereichen mit Hubpodien, da eine flexible Raumnutzung erforderlich ist – umgeben ist, einen sinnvollen Lösungsansatz dar. Die Staffelung der Publikumsbereiche, welche die akustische (und nebenbei die optische) Einsehbarkeit zum Ziel hat, sorgt für ergänzende frühe und vor allem „seitli-

„Die Staffelung der Publikumsbereiche, welche die akustische (und nebenbei die optische) Einsehbarkeit zum Ziel hat, sorgt für ergänzende frühe und vor allem ‚seitliche' Reflexionen. Dieses bewährte ‚Weinbergprinzip' gleicht den bisherigen Nachteil aus, der durch die Grundrissanordnung gegeben ist. Gleichzeitig werden bisher akustisch benachteiligte Zuhörerplätze, wie der obere Rangbereich und zurückliegende Bereiche unterhalb der Emporen, hinsichtlich der ‚natürlichen' Akustik deutlich aufgewertet."

che" Reflexionen. Dieses bewährte „Weinbergprinzip" gleicht den bisherigen Nachteil aus, der durch die Grundrissanordnung gegeben ist. Gleichzeitig werden bisher akustisch benachteiligte Zuhörerplätze, wie der obere Rangbereich und zurückliegende Bereiche unterhalb der Emporen, hinsichtlich der „natürlichen" Akustik deutlich aufgewertet. Zielsetzung dieser Konzeption kann es sein, auf elektroakustische Hilfsmittel zur Korrektur der Raumakustik zu verzichten. Dies dürfte für die Akzeptanz des Saales als Konzertsaal, insbesondere im Hinblick auf die Künstler, von wesentlicher Bedeutung sein. Um den zweiten additiven Schritt des Entwurfsprozesses zu beschreiben, sind Untersuchungen am physikalischen Modell vorgesehen. Hierzu wird auf Basis der vorliegenden Planunterlagen, aber insbesondere auch der örtlichen Kontrolle der Konzertraum maßstabsverkleinert abgebildet. Dadurch ist es möglich, die einzelnen Schritte und Entwurfsprinzipien sukzessiv zu bewerten und zu überprüfen.

Ein anderer Ansatz besteht in einer bewussten und gezielten Verwendung elektroakustischer Maßnahmen, beispielsweise in der Form der Wellenfeldsynthese, wie sie etwa im Konzertsaal Neue Aula in Detmold eingesetzt wird. Bei der Wellenfeldsynthese werden Lautsprecher linienförmig angeordnet und in der Reflexion ergibt sich eine elektroakustische Nachbildung einer Wand. Durch die Wellenfeldsynthese können individuelle und virtuelle Klangräume, angefangen vom Opernsaal über unterschiedliche klassische Konzertsäle bis hin zur Kathedrale, erzeugt werden. Auch spezielle Inszenierungen wie in zeitgenössischer Musik oder bei experimentellen Musikformen erforderlich sowie Live-Übertragungen aus internationalen Konzertsälen sind möglich. Neben der Justierung unterschiedlicher Nachhallzeiten können zudem die energetischen Feinparameter zur Optimierung der Hörsamkeit „räumliches Hören" individuell verändert werden. Dies erhöht die Nutzungsvariabilität enorm, bei gleichzeitiger Minimierung von baulichen Veränderungen. Zweifellos ergeben sich hier viele interessante und kreative Möglichkeiten, die aber bewusst mit „künstlerischen" Sichtweisen, die einer natürlichen Konzertsaalakustik den Vorzug geben, abgewogen werden müssen.

VISIONEN

Simon Takasaki
Der Kuppelsaaltraum – Raum in Bewegung

Oliver Thiedmann
Ein Modell für die Zukunft – Hannovers Kuppelsaal als Schnittmodell

VISIONEN

Simon Takasaki **Der Kuppelsaaltraum – Raum in Bewegung**

Der Kuppelsaal des Hannover Congress Centrums (HCC) ist ein Zentralraum, ein fast schon sakraler Raum mit unglaublichem Potenzial für Licht, Akustik, Emotion, Kontemplation und Bewegung.

Erlebbar ist er so nicht – hinter den Mauern und Decken des Gebäudes verstecken sich Strukturen, Geschichten und Räume, die das gesamte Gebäude in Schwingung versetzen und eine ambivalente Realität erzeugen. Das Freilegen der Kuppel ist nicht nur eine Hinkehr zum Potenzial des Raumes, es ist auch eine Abkehr vom profanen Bauen, das auf bloßes Funktionieren ausgerichtet ist. Hierzu möchten wir eine Methode des Entwerfens vorstellen, die das bewegte Bild nutzt, um sowohl historische und strukturelle Schichten als auch zugleich die emotionale Ebene des Veränderungsprozesses freizulegen. Die installativen Animationen aus Entwurfsseminaren der Architekturfakultät der Leibniz Universität Hannover dienen als Entwurfshilfe vor der Freilegung der Kuppel und verweisen auf das kreative Potenzial für die spätere Neuausrichtung des Hannover Congress Centrums (HCC).

Architektur, Stadt und Film verbindet seit jeher eine intensive gemeinsame Geschichte als sich gegenseitig stark beeinflussende Kunstfelder. In vielen Filmen spielt Architektur eine entscheidende Rolle beim Erzählen von Geschichten und Atmosphären oder wird, wie bei dem Klassiker *Metropolis* (1925–1926) von Fritz Lang, gar zum Hauptdarsteller. Die Metapher der Stadt als Protagonist findet in zahlreichen Filmen, besonders im Genre der Science-Fiction-Filme, weitere Verwendung und Vertiefung. Auch das Medium Film, die Darstellung von Bewegung und der Faktor Zeit beeinflussen umgekehrt seit langem die moderne Kunst und die Architektur. Besonders die Bewegungsstudien der Fotografiepioniere Étienne-Jules Marey und Eadweard Muybridge (beide 1830–1904) eröffneten eine neue Sichtweise auf die Vernetzung von Raum und Zeit und inspirierten zahlreiche Künstler. Das berühmte Gemälde *Akt eine Treppe herabsteigend* (1912) von Marcel Duchamp war ein revolutionärer Ansatz, Zeit und Bewegung in die zweidimensionale Fläche zu übersetzen. Auch Maler des Synthetischen Kubismus wie Georges Braque (*Frau mit Gitarre*, 1913) oder des Suprematismus wie Kasimir Malewitsch (*Messerschleifer*, 1912) sind stark beeinflusst vom Thema der Bewegung und visualisierten virtuelle Gefüge. Im Rahmen unserer Lehrtätigkeit beschäftigten wir uns intensiv sowohl mit bewegten Bildern als auch mit Bildern der Bewegung im architektonischen Raum. Dabei wurde eine neue Methode des Konzeptionellen Entwerfens entwickelt: die „installative Animation". Die Erforschung und Darstellung von Bewegung und Zeit als vierte Dimension sollte in den Mittelpunkt der architektonischen Betrachtung rücken. Zeitliche Prozesse wurden als inspirierende und kalkulierbare Parameter zur Genese von Bildern, Objekten, Geschichten, Raum und Architektur genutzt. Ziel war es, die gewonnenen Erkenntnisse mit Hilfe von Animationen und Filmen installativ im Umfeld des Kuppelsaals zu erforschen und zu testen. Dafür sollten Räume der Bewegung innerhalb des HCC gewählt und analysiert werden. Inspiriert von diesen gewaltigen Räumen wurden Animationen narrativen oder raumkompositorischen Inhalts entworfen. Entscheidender Teil der Arbeit war das Re-Installieren dieser Animationen und Filme in den ursprünglichen räumlichen Kontext der Kuppel. So sollten sich realer und virtueller Raum überlagern, neue Beziehungen und Verknüpfungen wurden generiert, die Grenzen zwischen Realität, Illusion und entwurflicher Zukunft lösten sich auf, Wahrnehmungen wurden verformt, um neue Räume zu schaffen. Mit der Strategie der installativen Animation wurde ein Entwurfsinstrumentarium entwickelt und den entwerfenden Architekten an die Hand gegeben: Verborgene Welten des HCC wurden freigelegt und die Betrachter für den verborgenen Schatz Hannovers sensibilisiert.

„Architektur, Stadt und Film verbindet seit jeher eine intensive gemeinsame Geschichte als sich gegenseitig stark beeinflussende Kunstfelder. In vielen Filmen spielt Architektur eine entscheidende Rolle beim Erzählen von Geschichten und Atmosphären oder wird, wie bei dem Klassiker Metropolis (1925–1926) von Fritz Lang, gar zum Hauptdarsteller."

VISIONEN

Tanz der Stühle

Der Kuppelsaal im HCC ist vieles, Konzertsaal, Empfangssaal, Theater, Begegnungsstätte. All diese Nutzungen erfordern unterschiedliche Konfigurationen des Raumes. Eins jedoch haben sie gemeinsam: Der Kuppelsaal muss bestuhlt werden. Dieses stete Umräumen, Abbauen und Neuordnen gehört zum Kontext des Raumes. Thematisiert werden soll dies im Zusammenhang mit dem eigentlichen Nutzen des Saals: der Musik darin, dem Tanz, der Begegnung und der Interaktion.

Der Betrachter soll wie durch eine Öffnung schauen, den Saal von außen in einem anderen Licht erleben, einem zauberhaften Licht. Die Stühle, die den Kontext des Raumes bilden, sollen sich bewegen, choreografieren, Formen bilden – aus dem Kontext ihres Seins gerückt.

Zu diesem Zweck soll eine Computeranimation erstellt werden, die die Stühle durch äußere Einflüsse zum Tanzen und zum Schweben bringt. Musik, die Tanz suggeriert, Stimmung, die den Raum verzaubert.

VISIONEN

Chronovisor

Im alten Haupteingang zum Kuppelsaal liegen zwei alte Treppenaufgänge, nur noch ablesbar an der aufsteigenden Sockelleiste seitlich der jetzigen Treppe. Die Installation beschäftigt sich mit einer Gleichschaltung von vergangener und jetziger Dynamik. Die alten Treppen werden neu inszeniert und erlauben eine Reise in die Vergangenheit des HCC's.

VISIONEN

Trespassing

Die Installation stellt ein Wechselspiel zwischen einzelnen Projektionen dar. Auf Leinwänden entstehen Interaktionen, die dem Raum eine Atmosphäre geben und auf die Durchwegung Einfluss nehmen. Es bilden sich Zusammenhänge zwischen den Projektionen, die zwar zweidimensional nur auf der Leinwand ablaufen, aber durch ihre Wechselwirkungen dreidimensional werden. Die Gefühle von Unbehagen, Störung und Verwirrung nehmen Einfluss auf den Beobachter und vermitteln das Empfinden, „fehl am Platz zu sein". Sie beschleunigen den Gang und verlangsamen ihn wieder, sobald die Handlungen aufhören.

VISIONEN

Metamorphosis

„Und wer ein Schöpfer sein muß im Guten und Bösen: wahrlich, der muß ein Vernichter erst sein und Werte zerbrechen."
Friedrich Nietzsche: *Also sprach Zarathustra*

Die Umgestaltung vom Kuppelsaal wird in diesem Video zum Thema. Die Transformation – ähnlich wie von einer Raupe zum Schmetterling – erfolgt hier durch die notwendige Zerstörung des Vorhandenen und führt zu einer neuen Lebensform: zu einer neuen architektonischen Erscheinung der Kuppel.
Schöpferische Zerstörung verdrängt die alte Struktur des Kuppelsaals, zerstört sie schließlich und schafft damit eine Neuordnung – die Raumwahrnehmung und die Gestalt des Saales wandeln sich.

VISIONEN

Oliver Thiedmann **Ein Modell für die Zukunft – Hannovers Kuppelsaal als Schnittmodell**

Ein Blick in die Geschichte zeigt uns deutlich, welchen Einfluss das Präsentieren von neuen Räumen über ein Architekturmodell auf die Wahrnehmung eines Menschen hat. Trotz des digitalen Zeitalters vermitteln heute weder komplex gerenderte 3D-Visualisierungen noch aufwendig konstruierte Normalrisse den wirklichen Raumeindruck noch nicht realisierter Architektur.

Zu vertraut scheint uns Menschen das reale Betrachten von gebauten Räumen, in denen sich räumliche Zusammenhänge sowie Kubaturen und Proportionen erfassen und bewerten lassen. Das Architekturmodell hilft uns zusätzlich bei der Entwicklung von Fragen und Problemstellungen wie Formsprache und Proportionen, Statik und Materialwirkung, parallel dient es als Instrument der Kritik und der Utopie. Gerade das Wechselspiel und die Gleichzeitigkeit von direkter sinnlicher Präsenz und suggestiver Distanz zum Erfahrungsraum des Betrachters macht die Faszination eines Architekturmodells aus.

Bereits seit der Renaissance arbeiteten Architekten und Ingenieure, die in erster Linie nicht aus dem Handwerk, sondern eher aus künstlerischen Bereichen stammten, mit maßstäblich verkleinerten Modellen, um ihren Raumideen einen visuellen Ausdruck zu verleihen und sie für jeden erfahrbar zu machen. Von Alberti über Michelangelo bis Vasari, sie alle zogen für Präsentationszwecke den realen Nachbau eines Entwurfes der zweidimensionalen Zeichnung vor. Die Möglichkeit der Abstraktion durch eine zurückhaltende Darstellung und ganz bewusste Minimalisierung der zu verbauenden Materialien ermöglicht aufgrund der Reduktion räumlicher Komplexität Freiraum für individuelle Interpretationen des Betrachters. Ein historisches Beispiel für die Ausdrucksstärke dieser Methodik ist das Architekturmodell von Frei Paul Otto für die Zeltdachkonstruktion des Olympiageländes in München. Er überzeugte mit einem Modell, das mittels Nylonstrümpfen und Holzstäbchen erstellt wurde. Entgegen der gängigen Stadionarchitektur zu Zeiten des Nationalsozialismus, die geprägt war durch eine „Übermaßstäblichkeit" infolge des totalitären Machtausdrucks, entwickelte er das Konzept einer leichten, zurückhaltenden, sich in die Natur einfügenden Formensprache. „Utopisch", „nicht realistisch" und „statisch unmöglich", äußerten sich Tragwerksingenieure der damaligen Zeit, bis sie 1972 eines Besseren belehrt wurden. Heute zählt die Dachkonstruktion aus Stahl und Plexiglas zu den bedeutendsten Architekturen der Moderne.

Für den verborgenen Raum des Kuppelsaals von Paul Bonatz war es daher nicht nur aus Gründen der Akustik notwendig, einen Nachbau dieses Baudenkmals herzustellen. Den Menschen in Hannover wieder ein Stück Architekturgeschichte erfahrbar – für viele Menschen überhaupt zum ersten Mal erlebbar – zu machen, war ein großer Anreiz zum Bau des Modells. Ein Modell, dass die Menschen für ein Baudenkmal sensibilisieren soll, das seit 100 Jahren die Geschichte prägte, von dem heute jedoch nur noch wenige überhaupt etwas wissen.

Mit 15 Studierenden des Fachbereiches Architektur und Landschaft bauten wir daher, über einen Zeitraum von sechs Monaten Hannovers alte Stadthalle als Schnittmodell nach. Während der gesamten Planungs- und Bauphase galt es, die Ansprüche zweier völlig unterschiedlicher Bereiche abzudecken. Einerseits gab es einen technischen Anspruch an das Modell: Innerhalb des Kuppelsaalmodells sollten akustische Messungen in Bezug auf Sender (Orchester) und Empfänger (Zuhörer) über Reflexionen und Absorptionen durchgeführt werden können. Aufgrund des technischen Anspruchs wurde eine spezielle Bauweise notwendig. Sämtliche akustisch relevanten Innenwandflächen wurden mit einem speziellen Kunststoffmaterial beschichtet. Dieses Material weist ein spezifisches Flächengewicht von 3 kg/m² auf,

„Für den verborgenen Raum des Kuppelsaals von Paul Bonatz war es daher nicht nur aus Gründen der Akustik notwendig, einen Nachbau dieses Baudenkmals herzustellen. Den Menschen in Hannover wieder ein Stück Architekturgeschichte erfahrbar – für viele Menschen überhaupt zum ersten Mal erlebbar – zu machen, war ein großer Anreiz zum Bau des Modells."

VISIONEN

52 Gruppenfoto vor Kuppelsaalmodell mit dem
Oberbürgermeister der Stadt Hannover Stefan Schostok und
Prof. Jörg Sennheiser (Sponsor Kuppelsaalmodell), Mai 2014

damit zu berechnende Schallfrequenzen maßstäblich hochgerechnet werden können. Andererseits gab es den Anspruch, dem architektonischen Raum mittels Reduktion und Abstraktion einen prägnanten Ausdruck zu verleihen. Der Realität sollte möglichst nahe gekommen werden. Der Kuppelsaal sollte nicht als autarkes Raumwerk verstanden werden, sondern es sollte möglich sein, ihn im Zusammenhang mit den ihn umgebenden dienenden Funktionsräumen zu lesen. Das Herz bildet der Kuppelsaal und die umliegenden Räume versorgen dieses Denkmal umlaufend. Nach über 14.000 Arbeitsstunden entstand ein Modell im Maßstab 1:25. In diesem können akustische Messungen für geplante Optimierungsmaßnahmen ausgeführt werden. Darüber hinaus kann fakultätsübergreifend das Akustikverhalten sakraler Kuppelräume wissenschaftlich untersucht werden. Neben der Möglichkeit zur Verwendung als Akustikmodell ist die besondere Bedeutung als Architekturmodell hervorzuheben. Der Öffentlichkeit kann ein Raumeindruck vermittelt werden, der bisher einzig und allein nur in diesem Modell wahrnehmbar ist. Es ist ein Architekturmodell, das durch seine besondere Ästhetik und seine Größe von über vier Metern einen Raum erlebbar macht, der in der Realität zwar vorhanden, jedoch aufgrund der konstruktiven Einbauten der 1960er und 1970er Jahre verloren gegangen ist. Ein beeindruckendes Raumgefühl löst der Anblick der gewaltigen Kuppel aus. Sie misst von der Oberkante des Parkettbodens bis zum Opaion 45 Meter. Ein Raumeindruck, der in Rom jährlich Millionen von Touristen in das Pantheon lockt und der in Hannover im Laufe der letzten Jahrzehnte verloren ging.

TeilnehmerInnen
Modellbau Kuppelsaal:

Lana Ali
Cybell Bassil
Tracy Bergmann
Aleksandra Eggers
Emeka Eze
Lisa Flöter
Florian Gotthardt
Ebru Güler
Michael Günther
Kira-Marie Klein
Tabea Melching
Svenja Riedel
Hansk Saed
Viviane Schefers

VISIONEN

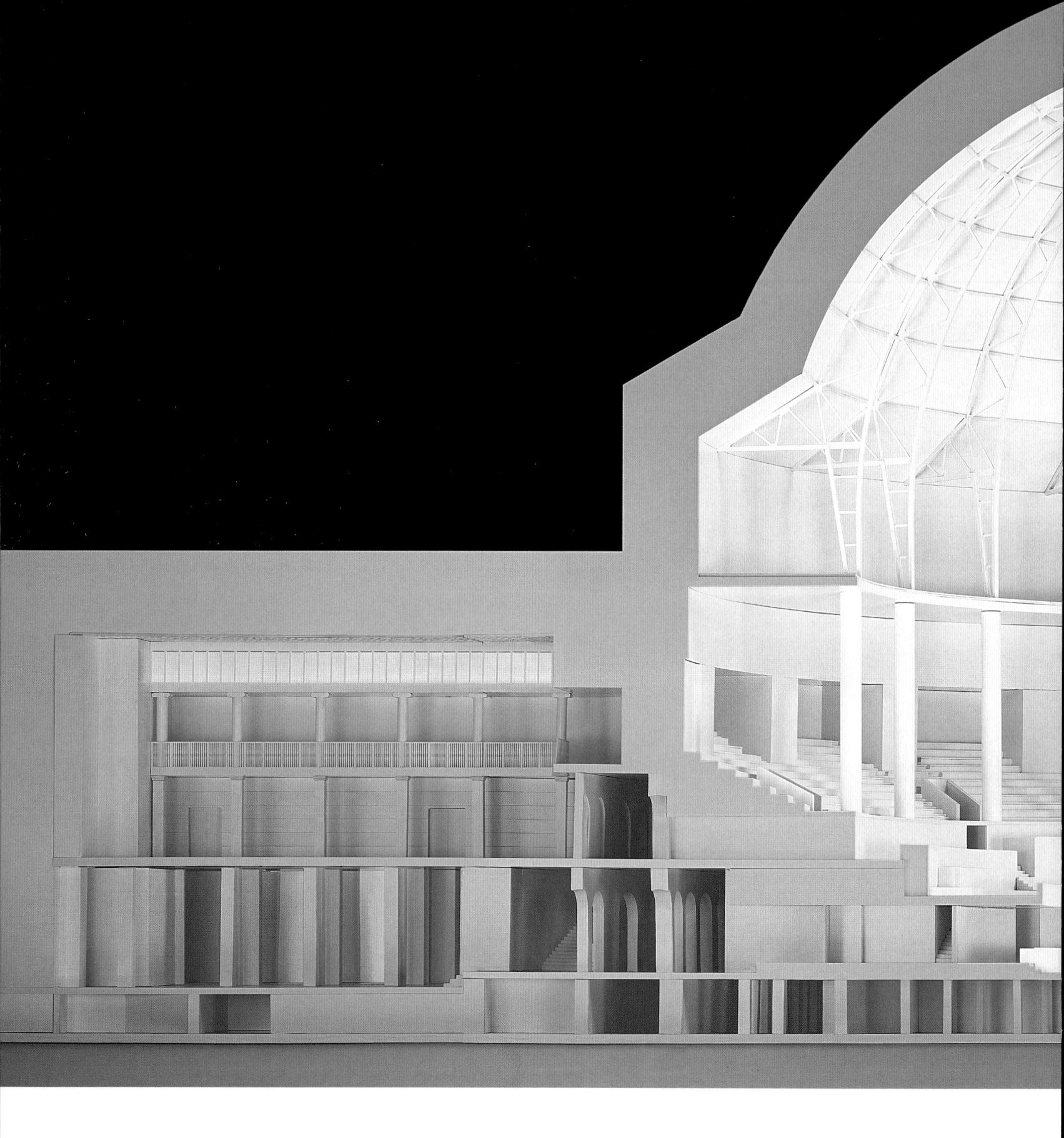

53 Kuppelsaalmodell

VISIONEN

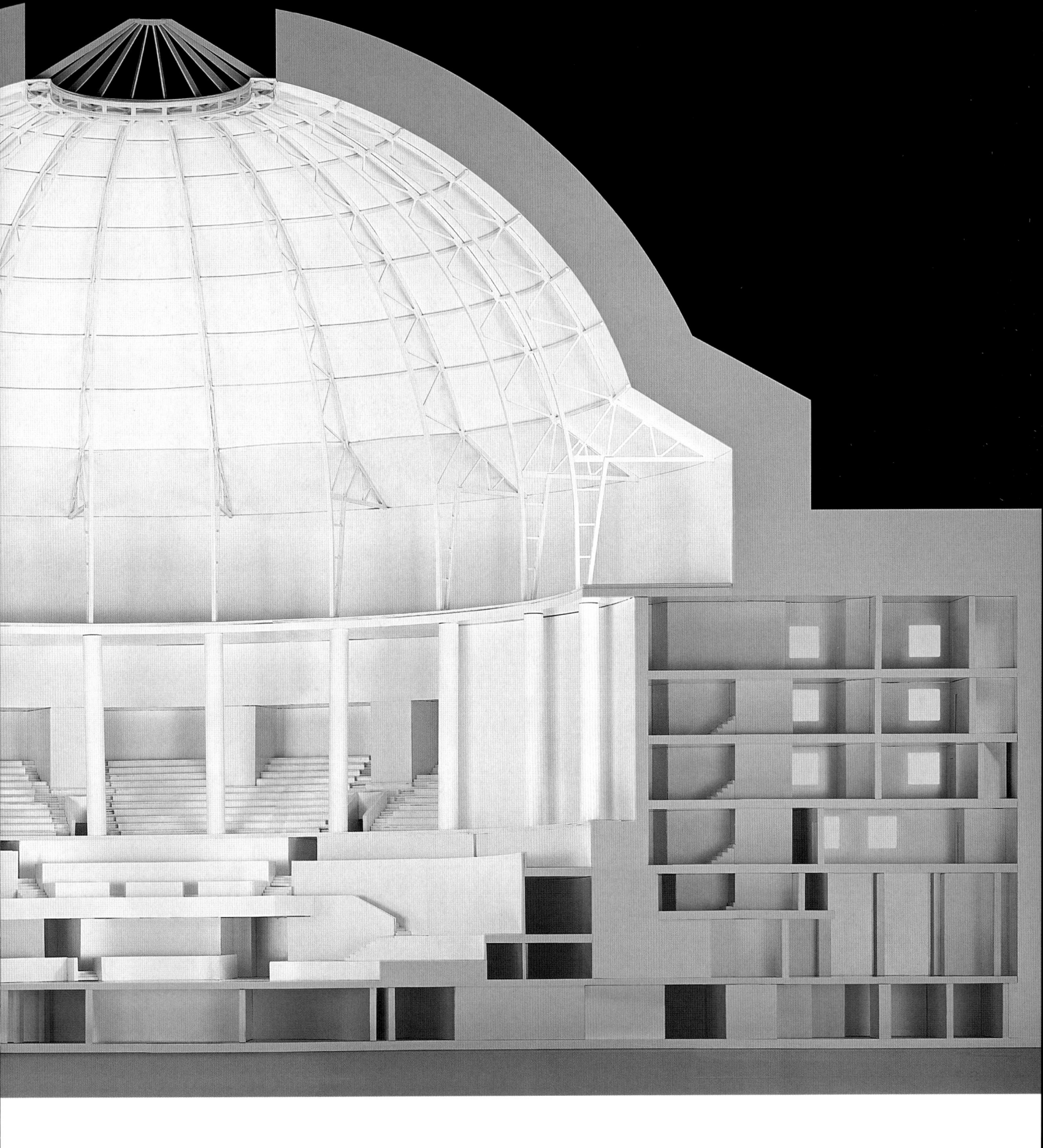

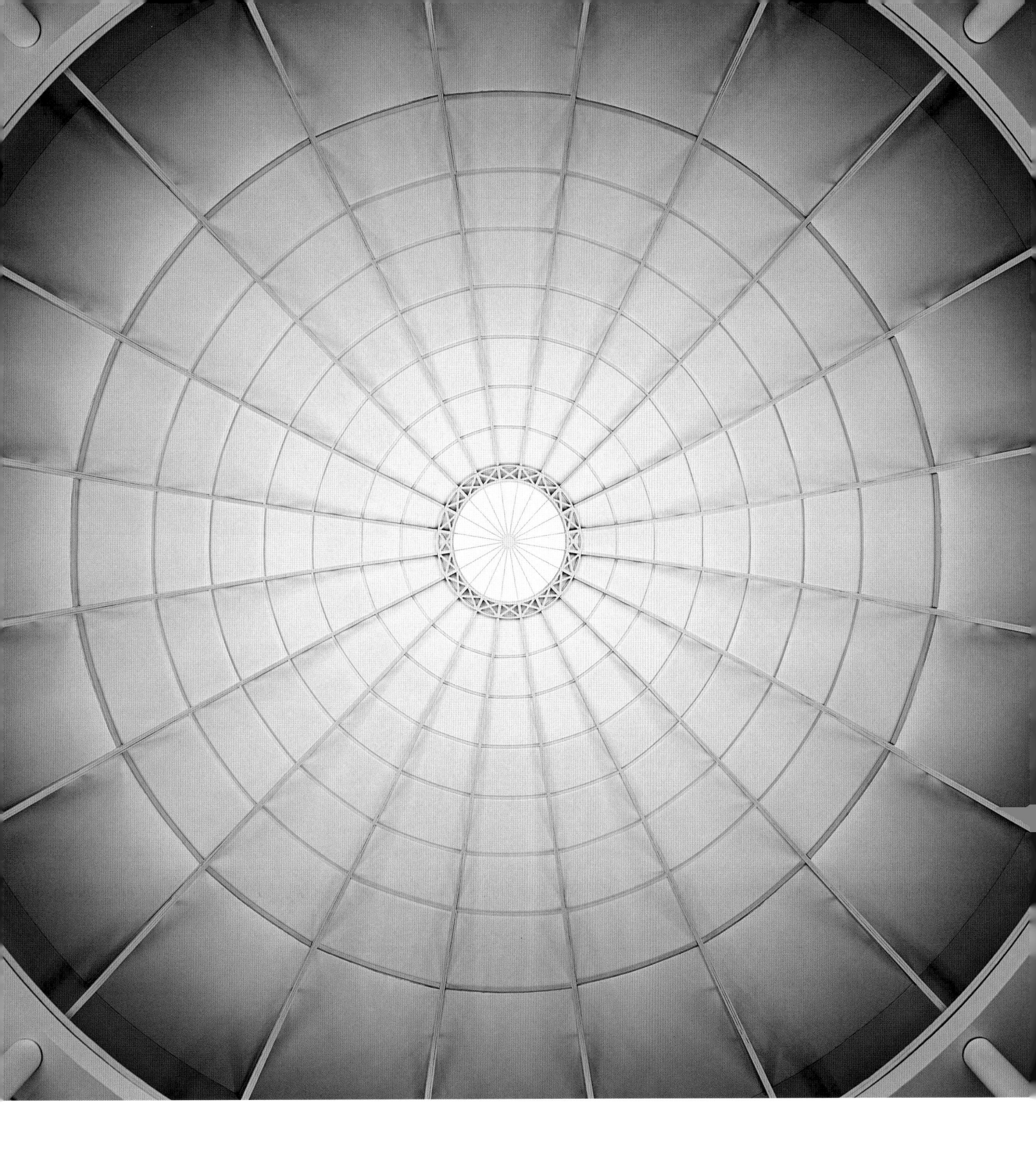

Kuppelsaalmodell, Blick in die Kuppel

VISIONEN

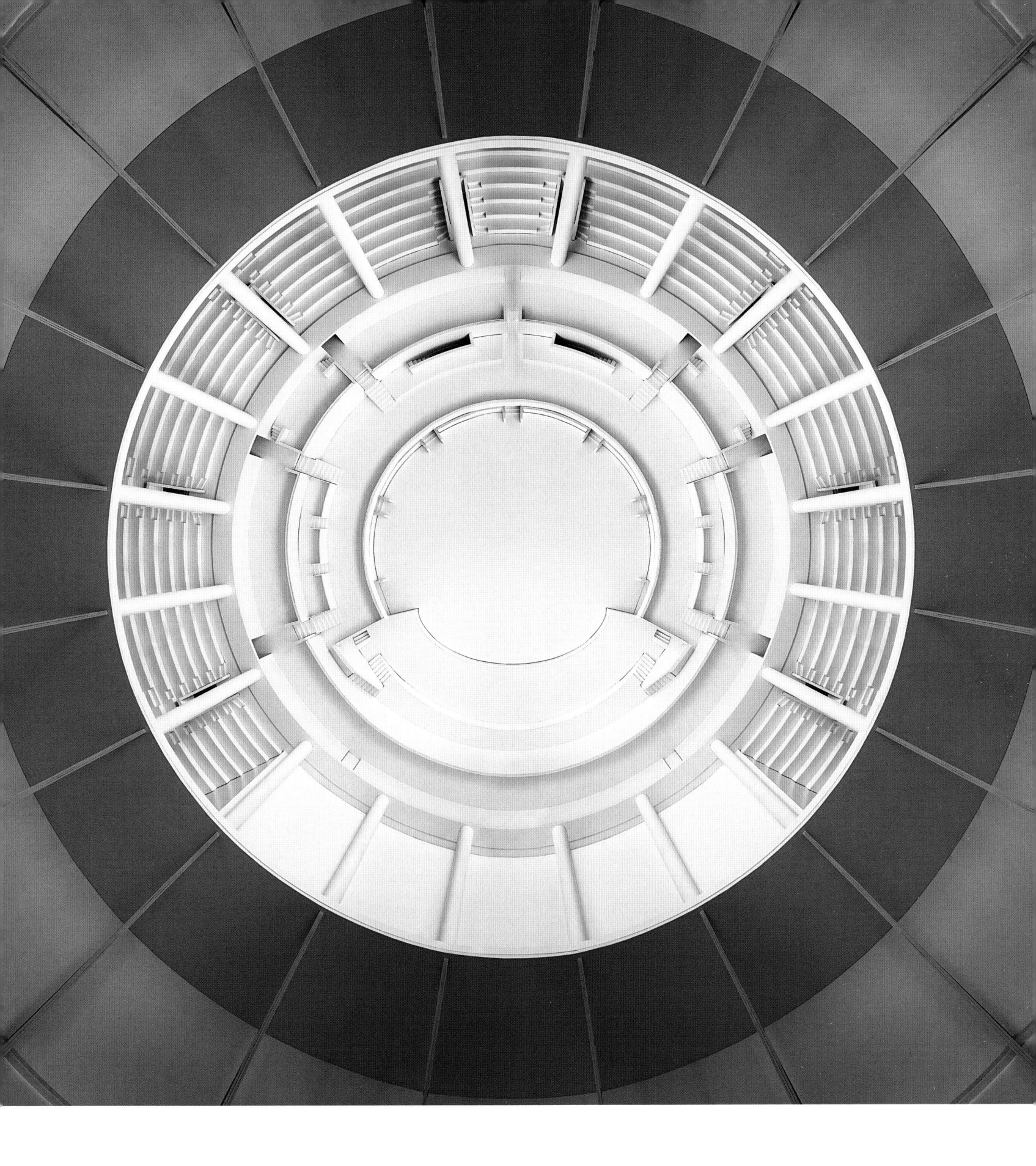

55 Kuppelsaalmodell, Blick durch die Kuppelöffnung in den Saal

VISIONEN

56 Kuppelsaalmodell, Lichtstimmung

VISIONEN

57 Kuppelsaalmodell, Kuppelumgang

VISIONEN

ARCHITEKTUREN

Auer Weber Architekten, Stuttgart

HPP Architekten, Düsseldorf

pfp architekten, Hamburg

ARCHITEKTUREN

Auer Weber Architekten **Schwerpunktrenovierung Kuppelsaal HCC 2015**

Der Kuppelsaal der Stadthalle Hannover von Paul Bonatz war historisch geprägt von dem eindrucksvollen Raumvolumen eines „weißen Pantheons", hellen profilierten Wand- und Deckenflächen mit Tageslichtbezug und einer arenaartigen Bestuhlung des Innenraumes.

Das Umbaukonzept von Ernst Zinsser ging dagegen von dem Bild eines festlichen dunklen Raumes für den Abend aus, bei radikaler Überformung des architektonischen Konzeptes und Reduktion des Raumvolumens zur Verbesserung der Akustik für Konzertveranstaltungen. Die Renovierung von 1998 versuchte mit einer veränderten Farbgebung den Raum aufzuhellen, ohne das Raumkonzept der 1960er Jahre weiterzuentwickeln. Aus dieser Historie ergibt sich das derzeitige heterogene und wenig selbstverständliche Erscheinungsbild des Saales. Ziel der Neugestaltung des Kuppelsaales ist die Verbesserung der Akustik für Konzertveranstaltungen durch weitere Reduktion des Raumvolumens bei Verzicht auf den Plafond und Ausgestaltung der Wand- und Deckenflächen gemäß des akustischen Konzeptes. Gleichrangiges architektonisches Ziel ist die optische Integration des großen verborgenen Volumens der ehemaligen Kuppel in den Veranstaltungsraum zur Wiederherstellung der ursprünglichen Raumproportionen. Beide Ziele werden durch eine akustisch perfekt geformte Glasdecke erreicht, die den räumlichen Bezug zur Kuppel wiederherstellt. Der Innenraum erfährt eine deutliche Aufhellung durch Stärken der Gestaltungselemente im Bereich der Stützen und des zweiten Ranges (Zeitschicht „Bonatz II", Oberfläche weiß) sowie die farbliche Zusammenfassung von Brüstungen, Boden und Bestuhlung im Innenraum zu einer homogenen ruhigen „Arena" (Material: Holzfurnier Kirsche). Es entsteht ein unverwechselbarer für anspruchsvolle Konzertveranstaltungen nutzbarer Raum, der zu recht den Namen „Kuppelsaal" trägt.

Schwerpunktrenovierung Gemäß der Vorgabe, die Schwerpunktsanierung an den Oberflächen des Saales bei Beibehaltung der bestehenden Akustikdecke zu beginnen, wird ein Ansatz entwickelt, der sich im Budget- und Zeitrahmen umsetzen lässt, ohne das ganzheitliche Konzept einer substanziellen Neugestaltung aus den Augen zu verlieren. Der zweite Rang und die Nischen des dritten Ranges werden als Zeitschicht „Bonatz II" definiert. Die Säulen werden in ihrem Volumen leicht reduziert, die Ringkapitelle werden freigelegt. Der Marmorring von Ernst Zinsser wird als weiße Basis für die Säulen überformt und vergrößert die optische Höhe der Säulen. Alle Wand- und Deckenoberflächen werden neu gestaltet und mit weißen Oberflächen versehen, die derzeit isoliert wirkenden Säulen erhalten den ursprünglichen Raumbezug zurück. Eine kleine Brüstung zwischen zweitem Rang und Nischen nähert den Bereich wieder seiner ursprünglichen Gestalt an (Entfall von ca. 120 Sitzplätzen). Als Kontrast zum weißen Ring aus Säulen, Decken- und Wandflächen des zweiten Ranges werden alle Einbauten, Wand- und Bodenbeläge und die Bestuhlung innerhalb des Parketts und des ersten Ranges als Teil einer „Arena" aufgefasst und erhalten Oberflächen, die farblich auf die Holztöne des bestehenden Parketts sowie der neuen Rangverkleidungen abgestimmt werden. Dadurch wird der Raum deutlich aufgehellt und gleichzeitig harmonisiert. Die neue Bestuhlung in der „kleinen Kuppel" lehnt sich formal an die Stühle aus den 1960er Jahren an und fügt sich mit der neu gepolsterten Bestuhlung der „großen Kuppel" zu einer Einheit. Der Plafond und die erhaltenen Wandelemente hinter dem Orchester bekommen einen Anstrich, der auf die Helligkeit im Umgang des zweiten Ranges und der Vorhänge abgestimmt wird.

Substanzsanierung Der ehemalige Kuppelraum wird für Veranstaltungen wieder erfahrbar gemacht, alle Einbauten im Kuppelraum werden entfernt. Eine neue Glasdecke mit minimierter Konstruktion verringert das akustisch wirksame Raumvolumen, ersetzt den Plafond

> *„Ziel der Neugestaltung des Kuppelsaales ist die Verbesserung der Akustik des Saales für Konzertveranstaltungen durch weitere Reduktion des Raumvolumens bei Verzicht auf den Plafond und Ausgestaltung der Wand- und Deckenflächen gemäß des akustischen Konzeptes. Gleichrangiges architektonisches Ziel ist die optische Integration des großen verborgenen Volumens der ehemaligen Kuppel in den Veranstaltungsraum zur Wiederherstellung der ursprünglichen Raumproportionen."*

ARCHITEKTUREN

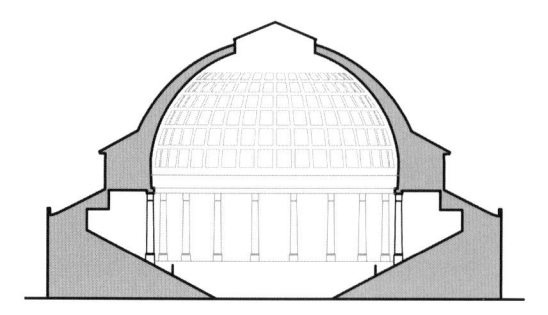

BONATZ 1914

— Großes Raumvolumen
— Als Konzertsaal nicht geeignet
— Tageslichtraum
— „Weißes Pantheon"
— Arenacharakter des Innenraumes

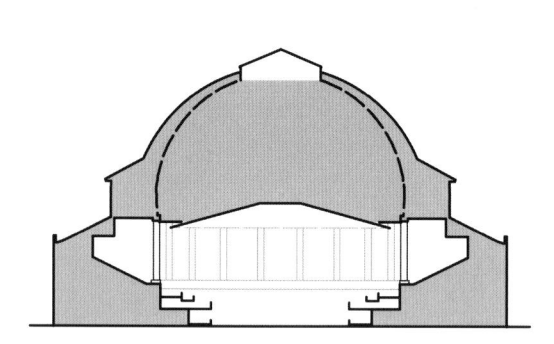

ZINSSER 1961

— Kleines Raumvolumen
— Eingeschränkt als Konzertsaal geeignet
— Kunstlichtraum
— Dunkle Materialien
— Einbauten als Balkone

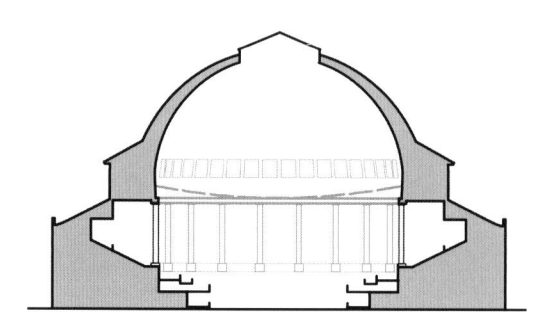

SCHWERPUNKTSANIERUNG 2015

— Großes optisches Raumvolumen
— Optimal geeignet als Konzertsaal bei vorgegebenem Grundriss
— Tageslichtoption
— Weiße Zeitschicht „Bonatz II"
— Homogenisierung und Aufhellung des Innenraumes

58 Piktogramm Bonatz 1914
59 Piktogramm Zinsser 1961
60 Piktogramm Schwerpunktsanierung 2015

über dem Podium und trägt zu einer wesentlich verbesserten Raumakustik bei. Das für die Größe des Raumes angemessene Volumen wird gleichzeitig wieder sichtbar und kann bei Konzerten durch Projektion zum Beispiel der ehemaligen Kassettierung auf die neutrale Oberfläche weiter gesteigert werden. Die Möglichkeit der innovativen Unterstützung von Veranstaltungen und Messeeröffnungen durch eine mediale Gestaltung des Kuppelraumes bildet eine neue Zeitschicht des historischen Kuppelsaales. Am Übergang vom dritten Rang zum Bereich hinter dem Podium werden zwei neue Treppen vorgeschlagen, die den Bereich der Kuppel auch räumlich in das Veranstaltungsgeschehen einbeziehen, etwa als besondere Außenstelle des Foyers.

Die tragende Struktur der gläsernen Hängeform besteht aus einem äußeren Druckring, der über kleine Stützen direkt auf den Säulen abgesetzt wird, und einer Schar radialer Seile, die zwei weitere Ringe (Zentralring, Technikring) halten. Es entsteht eine bis zum äußersten minimierte Tragstruktur, die den neuen gläsernen Baldachin über dem Saal fast unmerklich zum Schweben bringt und eine größtmögliche optische Einbeziehung der Kuppel in den Saal ermöglicht.

Durch die weiße Kuppel und die Wiederherstellung des Tageslichts (bestehendes Oberlicht mit Verdunklungsmöglichkeit) erhält der Saal einen neuen Charakter, der die Tradition des großen Raumvolumens aus der Entstehungszeit mit perfekter Akustik und der Innovation der medialen Bespielbarkeit des Raumes kombiniert.

Objektplanung: Auer Weber, Stuttgart, Achim Söding, Karen Ferrand
Kosten, Termine, Bauablauf: Schütt Ingenieurbau, Münster
Raumakustik: Müller-BBM, München
Tragwerk: schlaich bergermann und partner, Stuttgart
Technische Gebäudeausrüstung: ZWP Ingenieur AG, Stuttgart
Inszenierung/Medien: Milla & Partner, Stuttgart

ARCHITEKTUREN

ARCHITEKTUREN

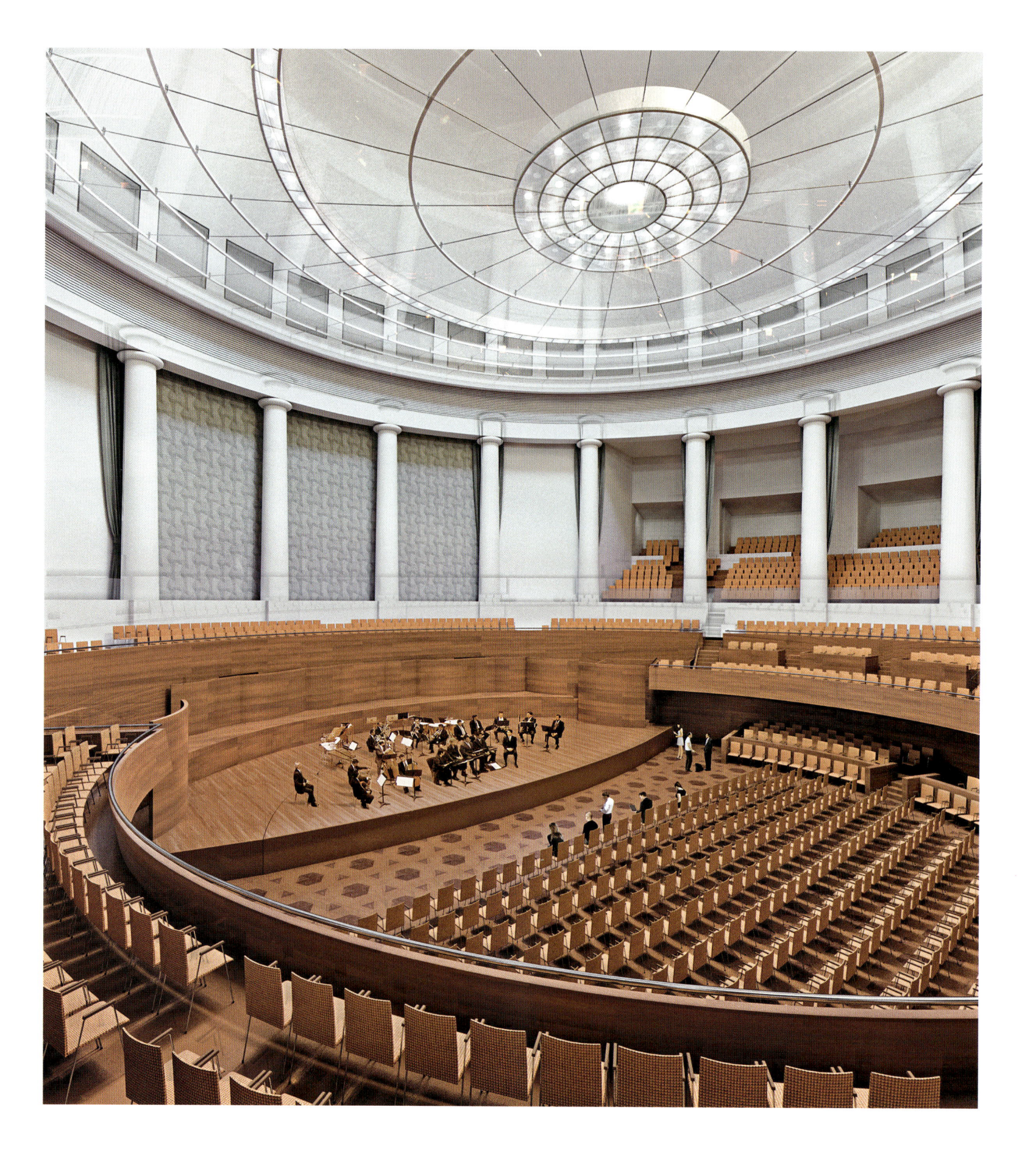

Kuppelsaal Substanzsanierung Tag

ARCHITEKTUREN

Kuppel
  Umgang

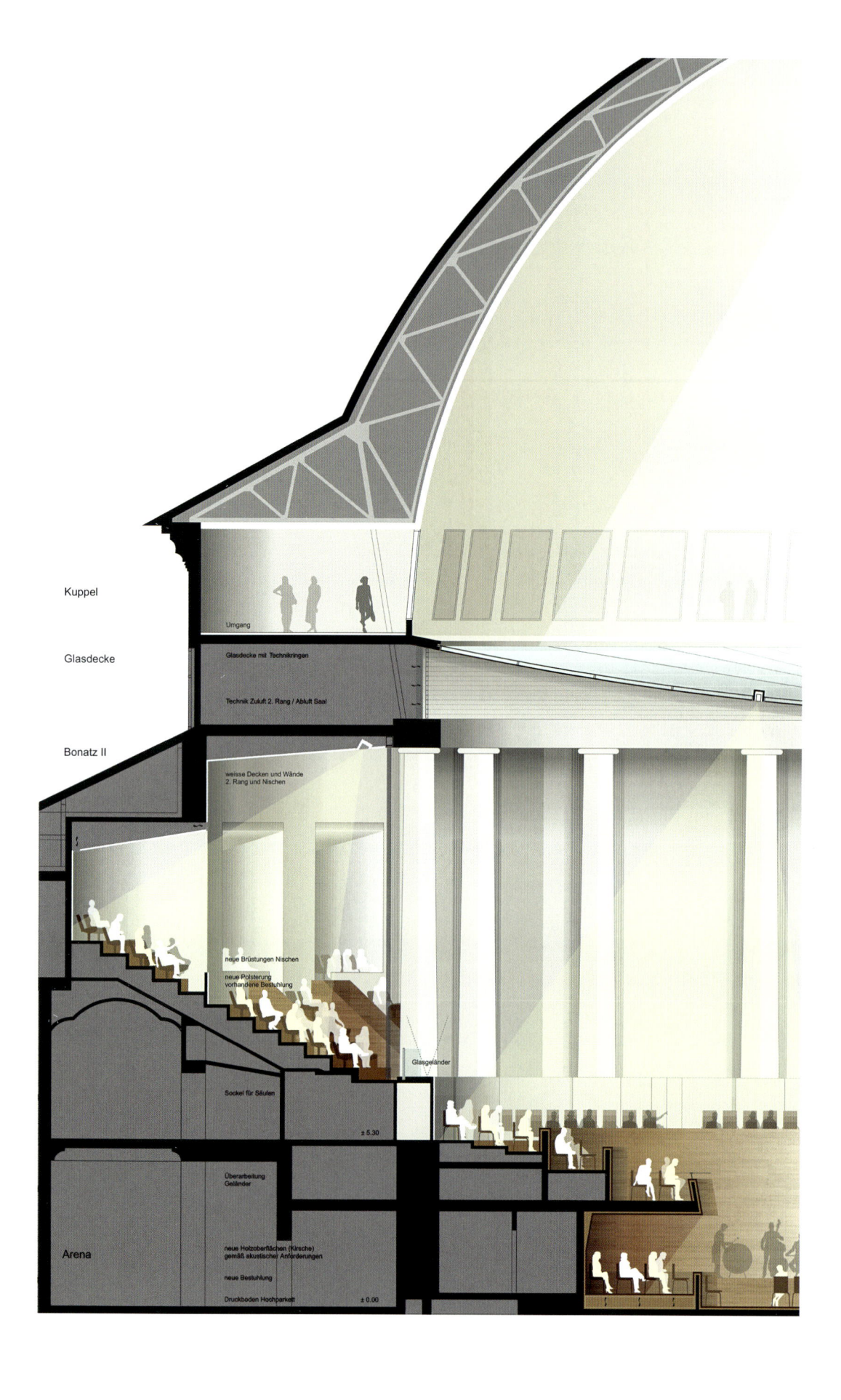

Glasdecke
  Glasdecke mit Technikringen
  Technik Zuluft 2. Rang / Abluft Saal

Bonatz II
  weisse Decken und Wände
  2. Rang und Nischen

  neue Brüstungen Nischen
  neue Polsterung
  vorhandene Bestuhlung

  Glasgeländer

  Sockel für Säulen
  ± 5.30

  Überarbeitung
  Geländer

Arena
  neue Holzoberflächen (Kirche)
  gemäß akustischer Anforderungen
  neue Bestuhlung
  Druckboden Hochparkett
  ± 0.00

64 Kuppelsaal Detailschnitt

Kuppel

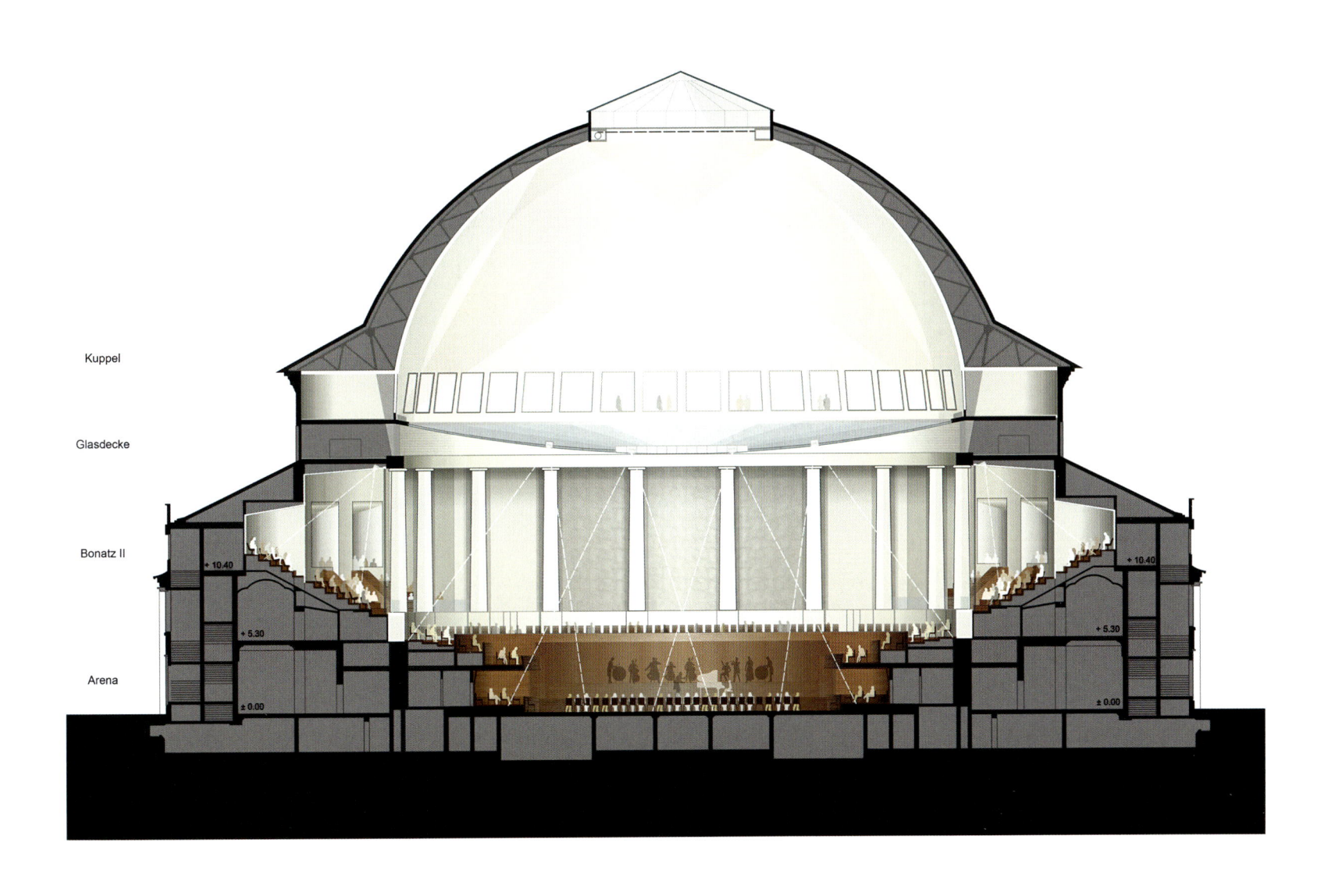

Glasdecke

Bonatz II
+ 10.40
+ 10.40

Arena
+ 5.30
+ 5.30
± 0.00
± 0.00

65 Kuppelsaal Querschnitt

ARCHITEKTUREN

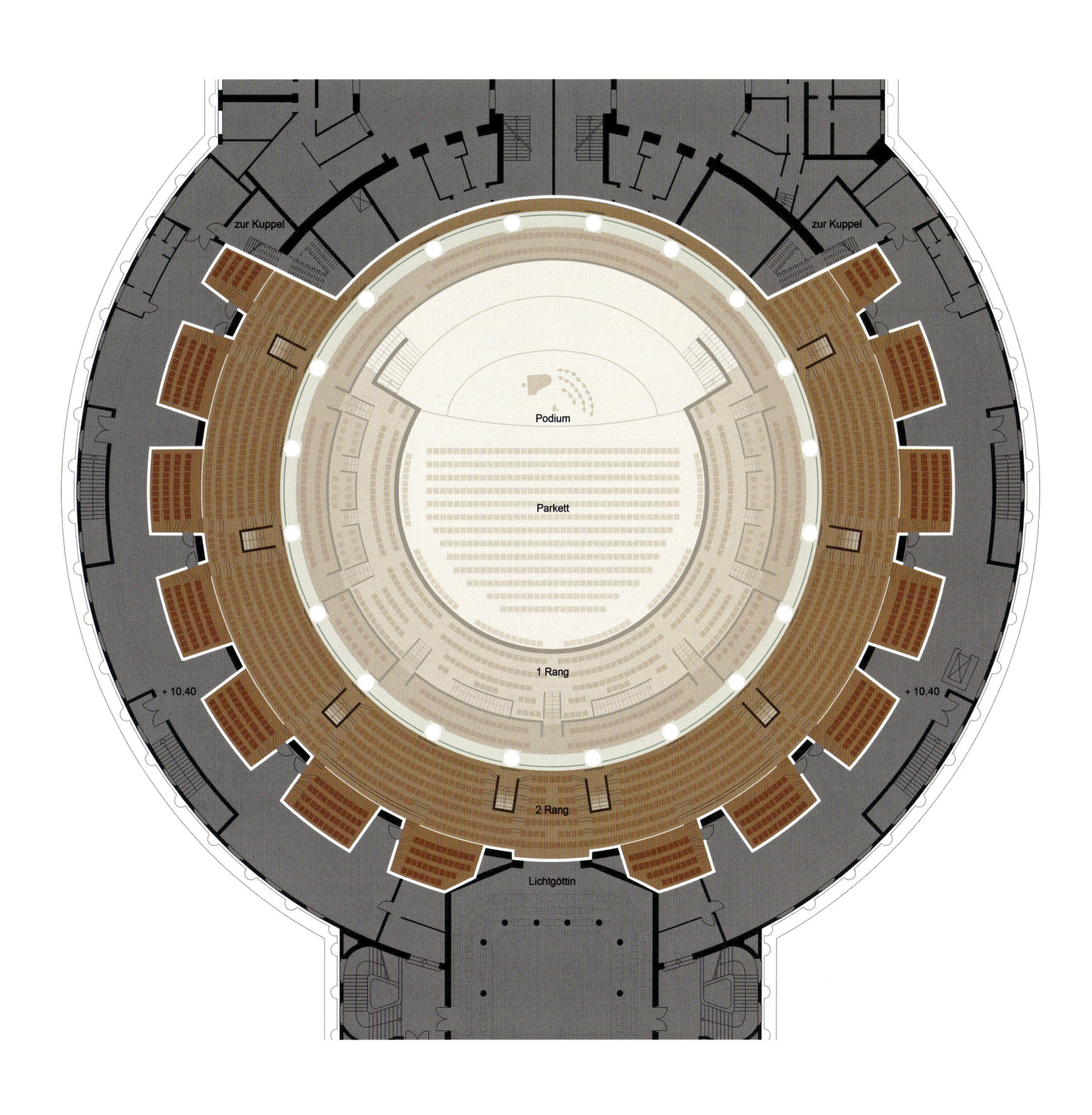

66 Kuppelsaal Grundriss

zur Kuppel

zur Kuppel

Podium

Parkett

1 Rang

+ 10.40

+ 10.40

2 Rang

Lichtgöttin

ARCHITEKTUREN

HPP Architekten **Dokumentation Schwerpunktsanierung Kuppelsaal HCC, Hannover**

Der Kuppelsaal Um seiner Rolle als bedeutendster Festsaal der Landeshauptstadt Hannover und größter Konzertsaal Deutschlands langfristig gerecht zu werden, benötigt der Kuppelsaal eine vollständig neue Gestaltung, die die 100-jährige Tradition des Saales ebenso abbildet, wie sie für die unterschiedlichsten Anlässe der Zukunft einen hochmodernen Rahmen bieten muss.

Zu diesem Zweck haben wir die aktuellsten Erkenntnisse aus Lichttechnik und Akustik zusammen mit den renommiertesten Fachplanern auf diesem Gebiet von Beginn an in unsere Planungen miteinbezogen.

Die Kuppel Der Kuppelsaal, der sich nach außen als mächtige Halbkugel auf dem Baukörper der Stadthalle zeigt, sollte sich auch im Inneren abbilden. So ist es unser Ansatz, den Raum oberhalb der kreisförmigen Säulenreihe wieder nach oben zu öffnen, um das ursprüngliche Bild der aufgesetzten Kuppel in moderner Form wiederherzustellen. Dabei soll das Raumvolumen bei maximaler Raumwirkung deutlich unterhalb der ursprünglichen Masse angesetzt werden, um eine akustisch ungünstige Halbkugelform zu vermeiden und um haustechnische und bühnentechnische Anlagen oberhalb des sichtbaren Raumabschlusses zu ermöglichen.

Unser Ansatz ist es, die ursprüngliche kassettierte Kuppel von Paul Bonatz in eine moderne, kristallin gefaltete Struktur zu übersetzen. Sich nach innen verkleinernde Rauten erzeugen dabei als Trompe-l'Œil die Illusion eines höheren Raumes. Aus akustischer Sicht ist die Decke stark diffus gestaltet, Schallreflexionen werden seitlich abgelenkt und verstärken so die Räumlichkeit, eine Fokussierung wird vermieden. Über die Fugen der einzelnen Facetten lässt sich der Himmel indirekt in Weißtönen oder farbig beleuchten. So kann mittels einfacher Lichtsteuerung ein klassisch festlicher Rahmen oder auch ein effektvoll inszenierter sich verändernder Himmel erzeugt werden, welcher jeder Veranstaltung einen einzigartigen Rahmen geben wird. Der mittige Abschluss ist aus Glas und dient als Technikkranz. Von hier aus lässt sich der gesamte untere Saal lichttechnisch und medial bespielen.

Der Zuschauerraum Um dem Wunsch zu entsprechen, unterschiedliche Konzertgrößen von ca. 1000 über 1600 und 2000 bis zu 3600 Zuschauern im Kuppelsaal anzubieten, haben wir uns für ein System von automatischen Trennwänden entschieden, die jeweils hinter den Stützreihen gefaltet zur Decke fahren können. Durch die zusätzliche Faltung nach innen wird die akustisch schwierige Kreisform gebrochen und der Schall gleichmäßig im Raum verteilt. Gegenüber dem Bühnenraum können mittels radialer Trennwände zusätzlich ca. 400 Plätze der oberen Ränge zum inneren Raum hinzugeschaltet werden. Dieses würde eine akustisch optimierte Proportion für klassische Konzerte ermöglichen. Für andere Veranstaltungen kann die volle Saalkapazität beibehalten werden, durch die schallabsorbierende Bestuhlung wird eine ausreichend kurze Nachhallzeit erreicht. Um ein Maximum an Variabilität des Raumes bei minimalem Umbauaufwand zu ermöglichen, schlagen wir für die Ränge zusätzlich radiale Teleskoptribünen vor. Diese lassen sich vollautomatisch je Rang zu jeweils einem Paket zusammenschieben und unsichtbar in die Wandbekleidung integrieren. So bleiben zwei Plattformen von 2,85 bzw. 3,85 Meter Breite frei, um auch hier für Bankette oder frei möblieren zu können. Die sicherheitsrelevanten Beleuchtungselemente (Stufenbeleuchtungen) im Saal sind so integriert, dass sie der Atmosphäre dienlich sind.

Der Bühnenraum Eine gute Akustik beginnt mit guter Bühnenakustik. Für ein gutes Zusammenspiel der Musiker und einen homogenen Klang auf der Bühne sind akustisch wirksame Plafonds notwendig. Der bestehende Reflektor wird ersetzt durch einzelne Reflektoren auf

„Der Kuppelsaal, der sich nach außen als mächtige Halbkugel auf dem Baukörper der Stadthalle zeigt, sollte sich auch im Inneren abbilden. So ist es unser Ansatz, den Raum oberhalb der kreisförmigen Säulenreihe wieder nach oben zu öffnen, um das ursprüngliche Bild der aufgesetzten Kuppel in moderner Form wiederherzustellen."

ARCHITEKTUREN

67 Kuppelsaal Piktogramm Klang

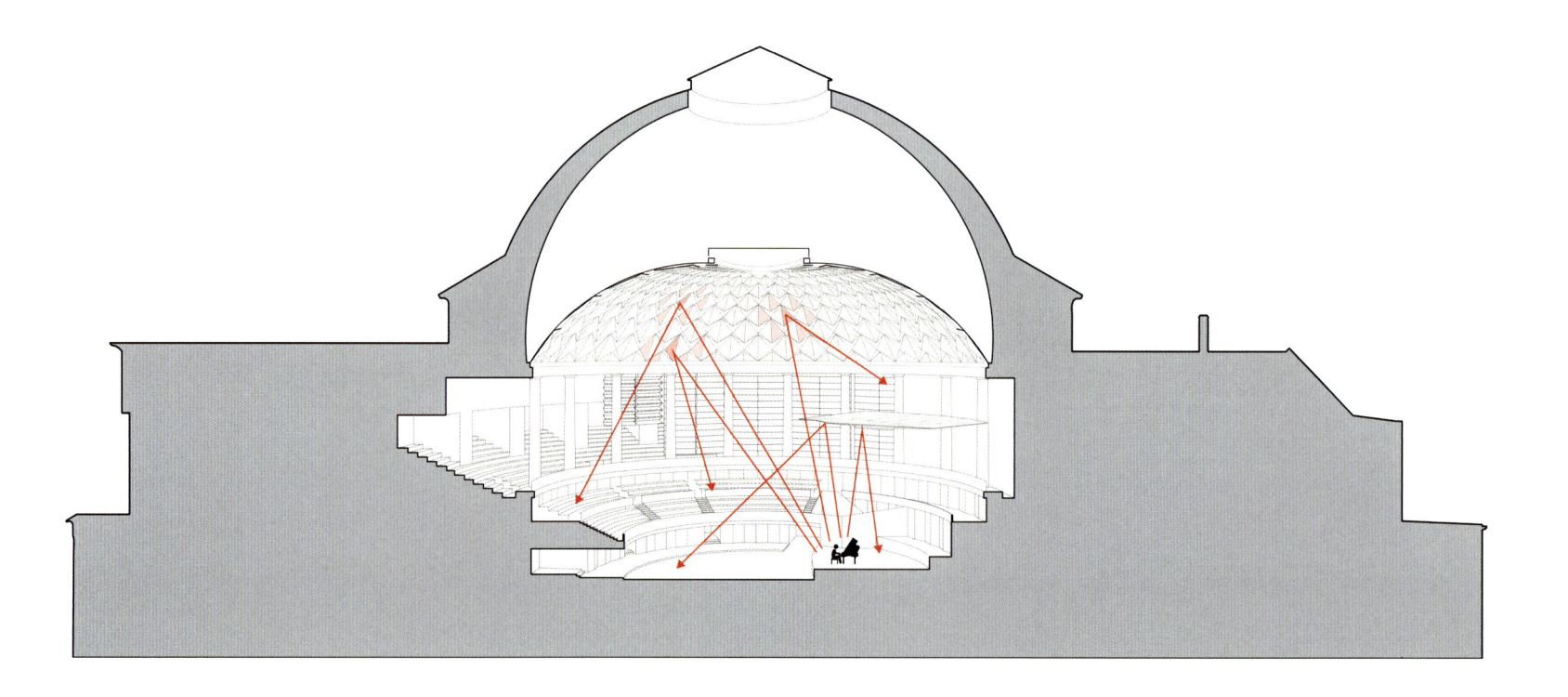

ca. 10,5 Meter Höhe, die im mittleren und hochfrequenten Bereich reflektieren. Die Öffnungen zwischen diesen Plafonds werden für die Bühnentechnik verwendet. Die Wände entlang der Bühne reflektieren in der horizontalen Ebene und unterstützen damit den Gesamtklang und das Zusammenspiel. Im Funktionssegel über der Bühne werden direkt strahlende Leuchten so ausgerichtet, dass die Anforderungen an ein modernes Orchester mit mindestens 1000 Lux Beleuchtungsstärke erfüllt werden können.

Farb- und Materialkonzept Während sich die Kuppel und der Raum oberhalb der Ränge in neutral weißer Farbe und durch ihre lichttechnische Bespielung darstellen, ist der Zuschauerraum zusammen mit dem Orchesterzimmer in einem homogenen warmen Holzton gehalten. Wir schlagen als heimisches Holz eine gedämpfte Eiche vor, die für alle Beanspruchungsarten geeignet ist. Die Sitzbespannungen der losen und der fest eingebauten Stühle sind anthrazit gehalten, um die Möblierung gegenüber der Raumwirkung zurückzunehmen. Innerhalb der weißen Flächen oberhalb des zweiten und dritten Ranges werden je nach Erhaltungszustand Teile der bisher verkleideten Reliefs und Fresken freigelegt, insbesondere die zentrale Lichtgöttin.

HPP Architekten: Volker Weuthen, Matthias Latzke, Patrick Tetzlaff, Paula Nieter, Kiyeon Kim
Beratung Akustik: Peutz Consult, Martijn Vercammen Beratung
Lichttechnik: AG Licht, Wilfried Kramp

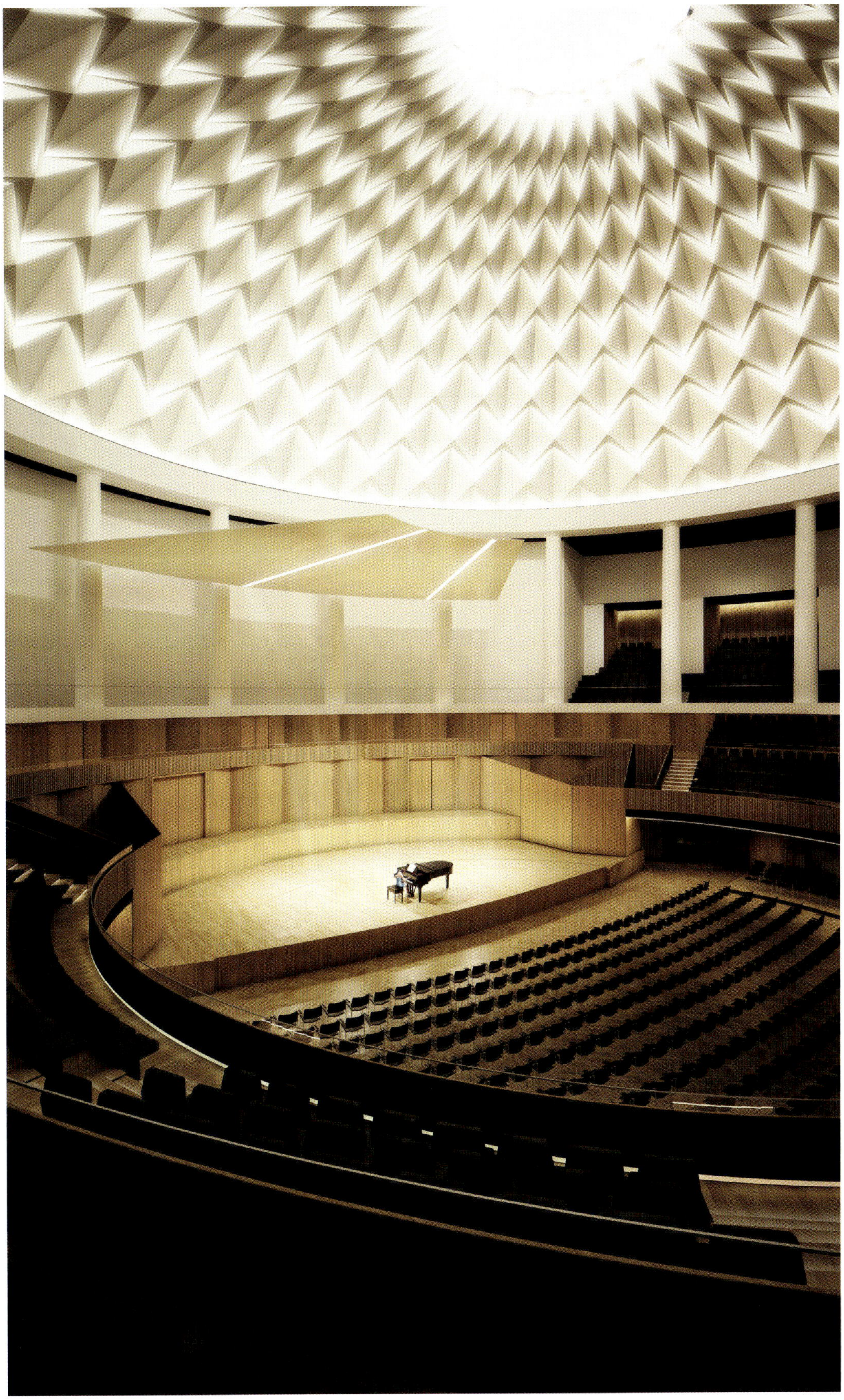

69 Kuppelsaal Querschnitt

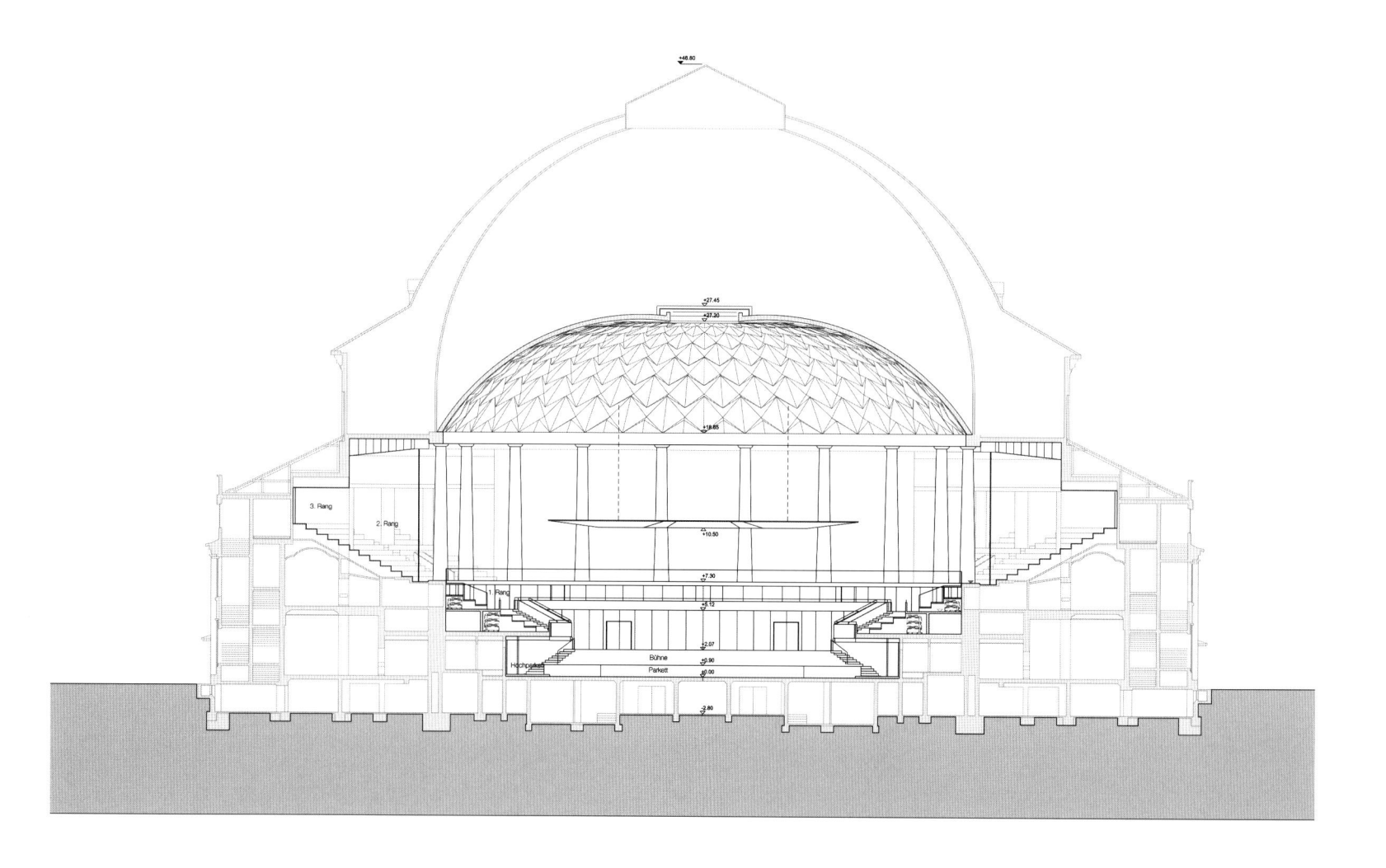

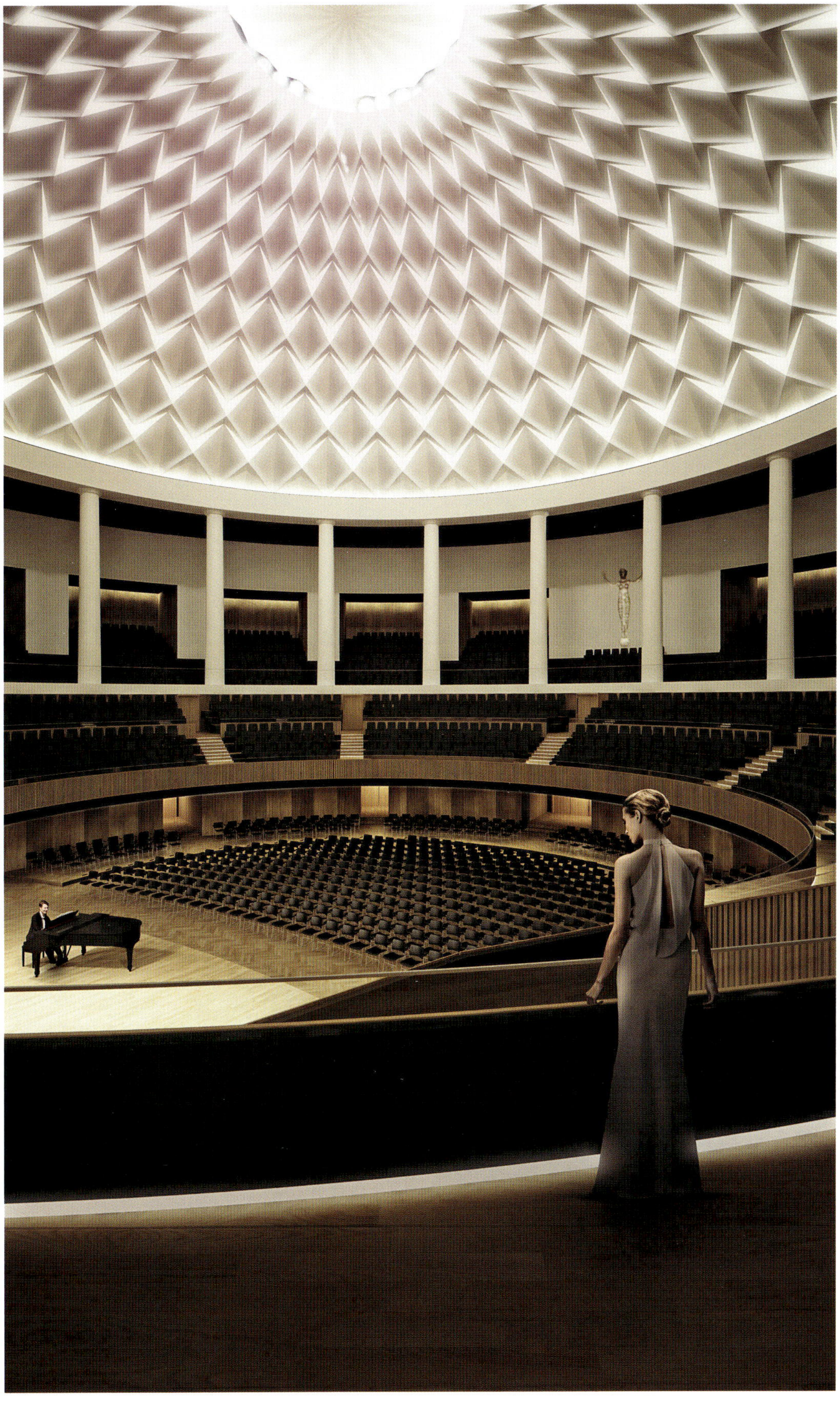

pfp architekten **Der bewegte Raum – Konzept zur Freilegung des Kuppelraumes**

Der Kuppelraum soll wieder erlebbar werden, auch aus dem sanierten Innenraum des Kuppelsaales.

Die Saalstützen werden auf ihre ursprüngliche Schlankheit zurückdetailliert, der Innenraum erlangt mit hellen, warmen Holzverkleidungen, dem in roten Bonatzfarben neu gepolsterten Gestühl und den renovierten weißen Rückwandbereichen seine ursprüngliche Ruhe wieder. Er wird akustisch zur europäischen Spitzenklasse ausgebaut und technisch renoviert, um akustisch, haptisch und emotional endlich den hellen, überzeugenden Bonatz'schen Gesamtraumeindruck architektonisch wiederherstellen zu können.

Umdenken im Architekturdesign – Der elektroakustische Raumklang Architektonische Überlegungen allein reichen bei einer komplexen Kuppelraumöffnung eines Saales dieser Größe nicht mehr aus. Der Einsatz von elektroakustischer Hochtechnologie ist bereits im Entwurfskonzept bei der Nutzung als Mehrzwecksaal erforderlich. Denn: Erst die Verwendung neuester Technologieentwicklungen in der Elektroakustik erlaubt die Rekonstruktion des großen Kuppelraumes für *alle* Nutzungszwecke.

Umdenken im Sanierungsprozess – Rekonstruktion von Geschichte und das Prinzip der doppelten Raumschichtung Das Rekonstruktionsmodell arbeitet mit einer Zerlegung zusammenhängender architektonischer Systeme und deren Zuordnung zu unterschiedlichen Bedeutungs- und Funktionsschichten im geöffneten Kuppelsaal. Der gesamte Kuppelraum wird gedanklich in zwei unterschiedliche Raumsysteme zerlegt: einen akustisch erfahrbaren, funktionalistischen „Hörraum" und in einen optisch und emotional erfahrbaren „Sehraum". Die Kuppel und sämtliche Saalwände, Decken und Brüstungen werden in der „Hörraumebene" nach Messergebnissen am Modell und in Computersimulationen komplett mit allen erforderlichen Reflektoren, Absorptoren und Diffusoren zur besseren Schall- und Lichtverteilung im Raum für eine natürliche Konzertakustik und Konzertsaalausleuchtung entworfen, ausgeformt und anschließend feinjustiert. Diese akustisch wirksame Saaloberflächenschicht lässt den Saal mit sichtbar gewordener Kuppel bereits sehr gut in natürlicher und elektroakustisch unterstützter Akustik klingen, ebenso ist die Beleuchtung in dieser Schichtebene gut positionierbar. Gestalterisch ist das entstandene Gemenge von akustisch und lichttechnisch erforderlichen Aufbauten, jedoch weit von der qualitätvollen Innenarchitektur des ursprünglichen Bonatzbaus entfernt, ist hässlich und atmosphärenlos. Entwurflich wird eine zweite, emotionale Architekturschicht entwickelt, die den optisch erfahrbaren „Sehraum" im Saal im Sinne des historischen Vorbilds auszuformen in der Lage ist. Diese zweite, alles überlagernde sichtbare „architektonische" Raumschicht wird aus hochtransparenten, mikrofein gelochten, akustisch durchlässigen und extrem dünnen Metallverkleidungen gebildet, die komplett die Bonatz'sche Raumform abbilden können.

Transparenz und Bewegung: von der Mehrzwecksaalnutzung zum hochwertigen Konzertsaal Die Entwurfsstrategie der zweischichtigen Saalschale gestattet bereits eine hervorragende akustische Sanierung des bestehenden Saalkonzeptes mit all seinen Rängen und Terrassen, ohne Freilegung der Kuppel. Der ursprüngliche lichte Bonatz'sche Raumeindruck kann jedoch nur mit der komplett freigelegten sichtbaren Kuppelschale insgesamt wiederhergestellt werden. Die entwurfliche Fragestellung bei der Sanierung lautet: Wie kann der vorhandene, jetzt freigelegte Kuppelraum mit einer natürlichen Konzertsaalakustik ausgestattet werden? Hier wird in den Modellsimulationen für den Rundbau mit dem ebenen Parkett und den Ranglösungen des 60er-Jahre-Bestandes ein Problem sichtbar: Das Raum-

71 Konzeptskizze
72 Konzeptskizze

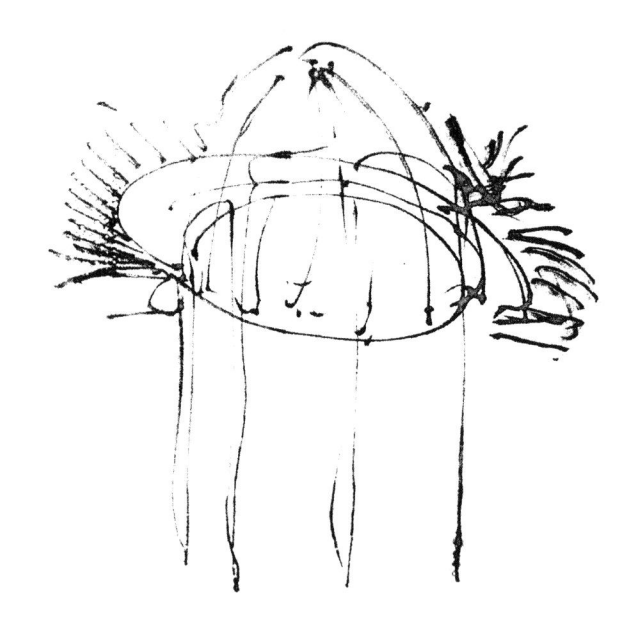

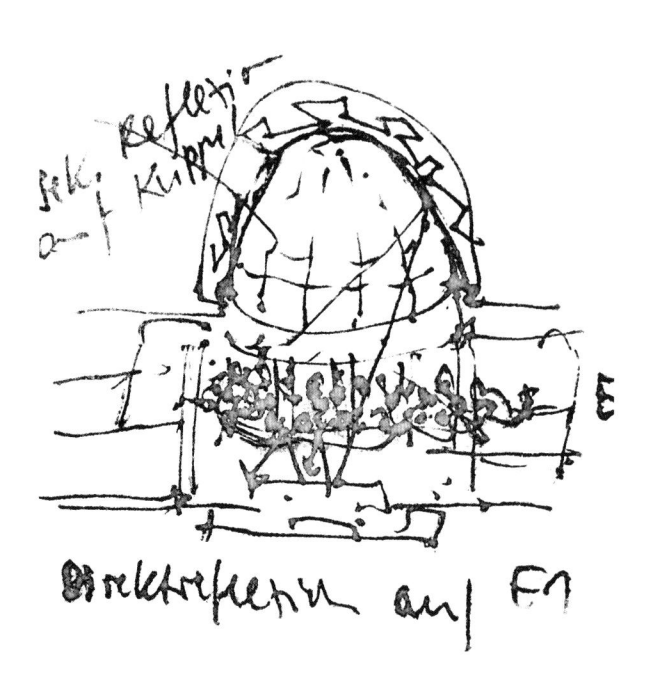

volumen, eine wichtige physikalische Messgröße für eine natürliche Konzertakustik, ist mit der freigelegten Bonatzkuppel für diese bereits zu groß. Wie reduziert man ein Kuppelraumvolumen für eine natürliche Akustik, wenn man sich gleichzeitig einen grandiosen Blick in die erleuchtete Kuppel nicht versperren möchte?

Das Prinzip der Bewegung, das Entwerfen mit beweglichen, transparenten gläsernen Deckenelementen hilft, dieses Problem zu lösen. Die Veränderung des Hörerlebnisses vom elektroakustisch bespielbaren Allzweckraum mit offener Großkuppel in einen Konzertsaal mit bester natürlicher Akustik wird über motorisch betriebene, filigrane gläserne, langsam aus der Großkuppel sich absenkende Kuppelschalensegmente vor und nach jedem Konzert gleichsam theatralisch sichtbar gemacht. Diese transparente Zwischenschicht kann mit einer sich öffnenden Blüte verglichen werden. Damit kann das Raumvolumen im runden Kuppelsaal um circa 40 Prozent verkleinert und so das für die Zuhörer erforderliche Volumen für eine hervorragende natürliche Akustik baulich-dynamisch hergestellt werden. Selbst die signifikante Oberlichtöffnung über der Rotunde mit dem von Bonatz auf das Pantheon bezogenen berühmten „Sonnenstrahleffekt", bekannt aus den „Veduten" von Piranesi, kann wiederhergestellt werden, genauso wie die im gesamten Parkett versenkbaren, mobilen „Weinbergterrassen".

Die begehbare Kuppel Nachdem die Bonatzkuppel endlich wieder frei sichtbar ist, wird sie – im neugeschaffenen Umgang in der oberen Rotunde – sogar öffentlich begehbar sein. Von dort aus wird ein weiter Blick hinunter über den ganzen neuen Saal möglich sein und die Kuppel wird eine weitere Attraktion für Hannover darstellen.

pfp architekten, hamburg:
Jörg Friedrich mit Detlef Junkers und Götz Schneider; Mitarbeiter: Ni Ylin, Christoff Oltmann, Tolga Bolutcu, Ivana Paonessa
Raumakustik: ISRW Klapdor GmbH, Düsseldorf

„Das Publikum nimmt Platz im Saal und staunt: Aus der weißen indirekt angestrahlten Kuppel schweben die Elemente einer filigranen, gläsernen mild geschwungenen Deckenkonstruktion langsam wie eine minimalistische Skulptur hinab, um die neue transparente Raumschale als akustische Zwischenebene sichtbar im Raum abzusenken. Der atemlose Blick der Zuhörer hinauf in die Kuppel bleibt erhalten und wenn das Licht im Saal erlischt, glüht die Kuppel sichtbar über dem runden Parkett. Das Orchester, dann der Dirigent und Solist betreten die Bühne, das Konzert beginnt. Eine hervorragende natürliche Akustik ohne jegliche elektroakustische Unterstützung begeistert das Publikum – ein Hör- und Blickgenuss auf höchstem europäischem Konzertsaalniveau für alle Besucher, das ist die neue, 100 Jahre alte Bonatz-Philharmonie in Hannover."

73 Perspektive Zuschauerraum Stufe 1

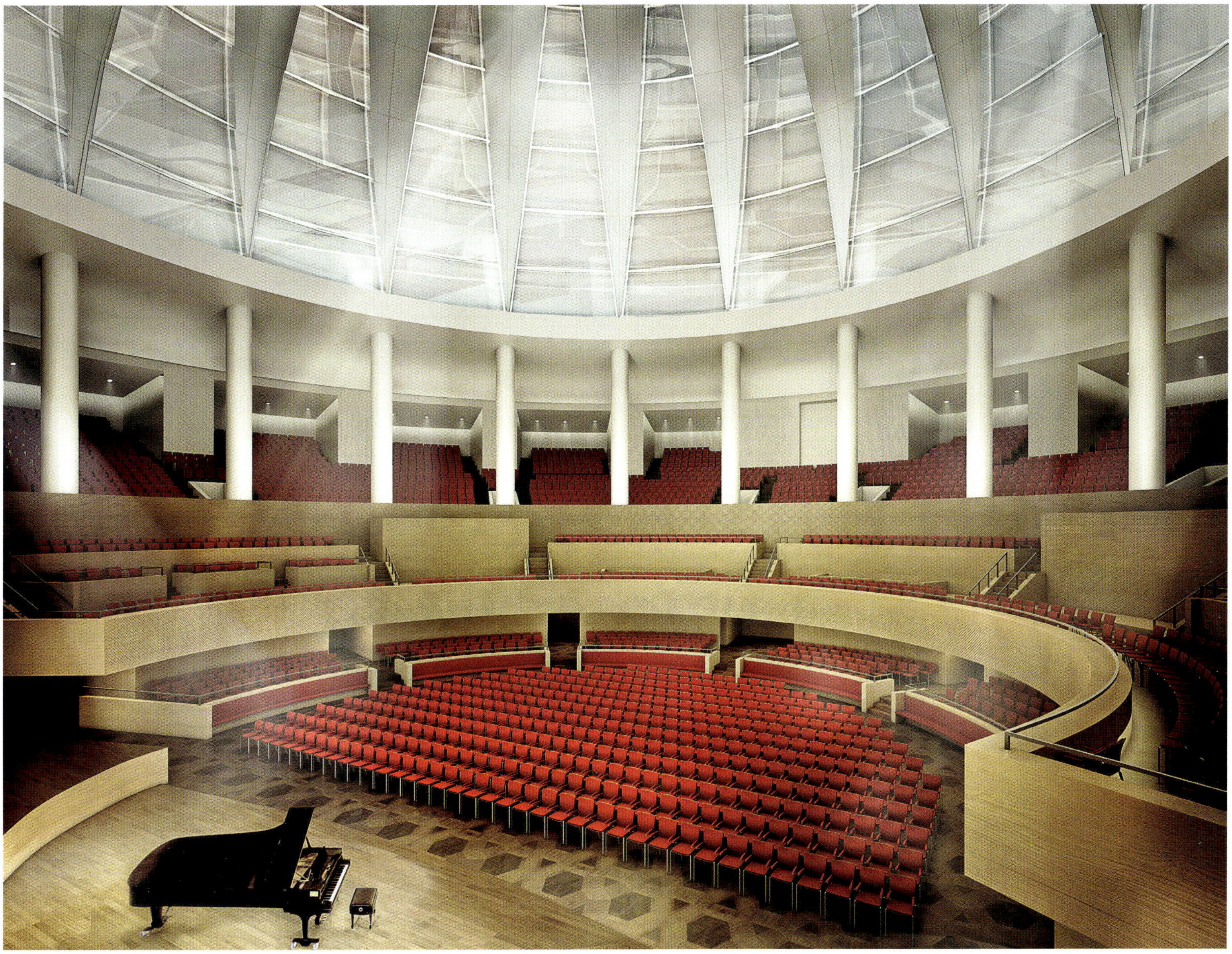

 Perspektive Zuschauerraum Stufe 2

75 Perspektive Bühne Stufe 1

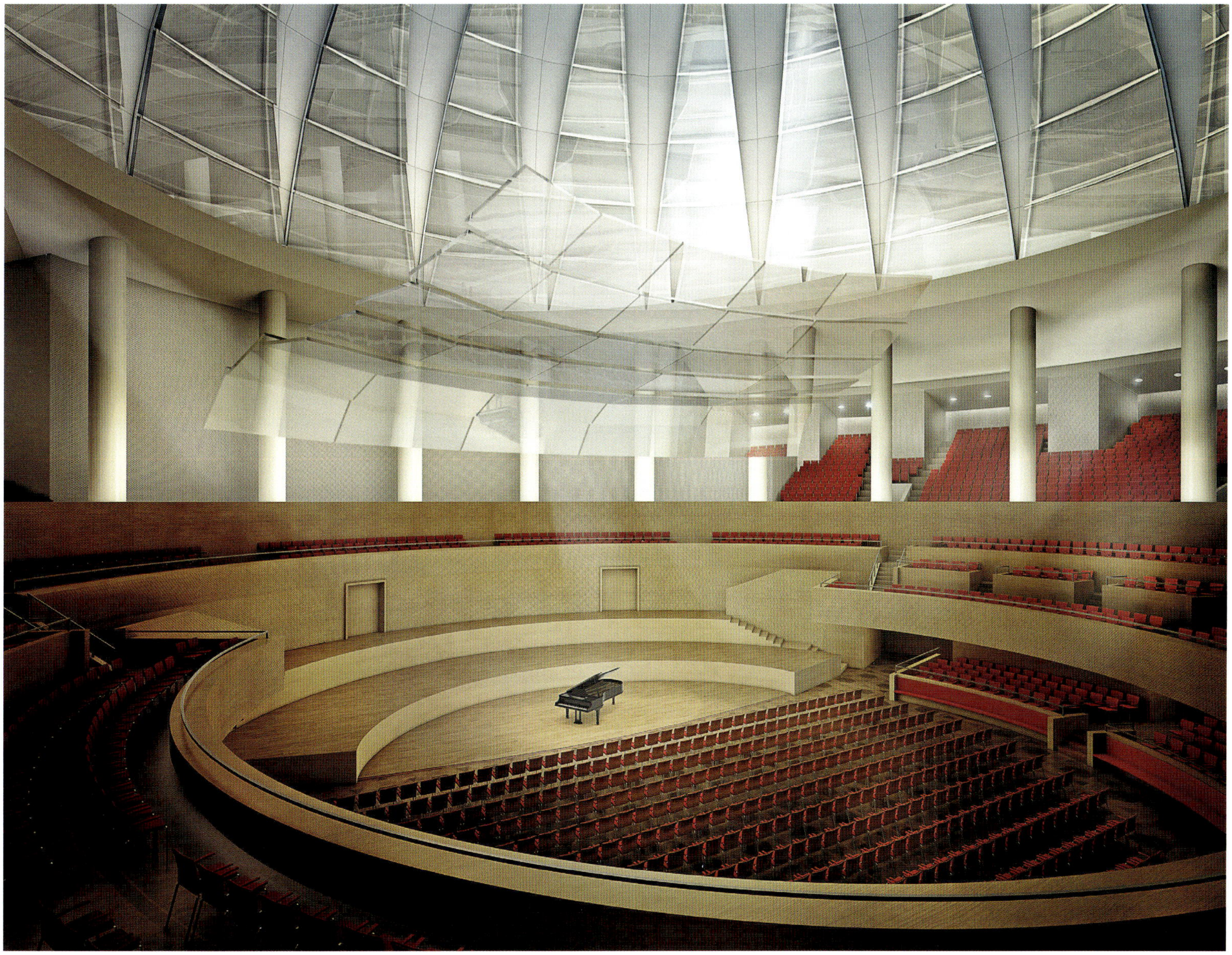

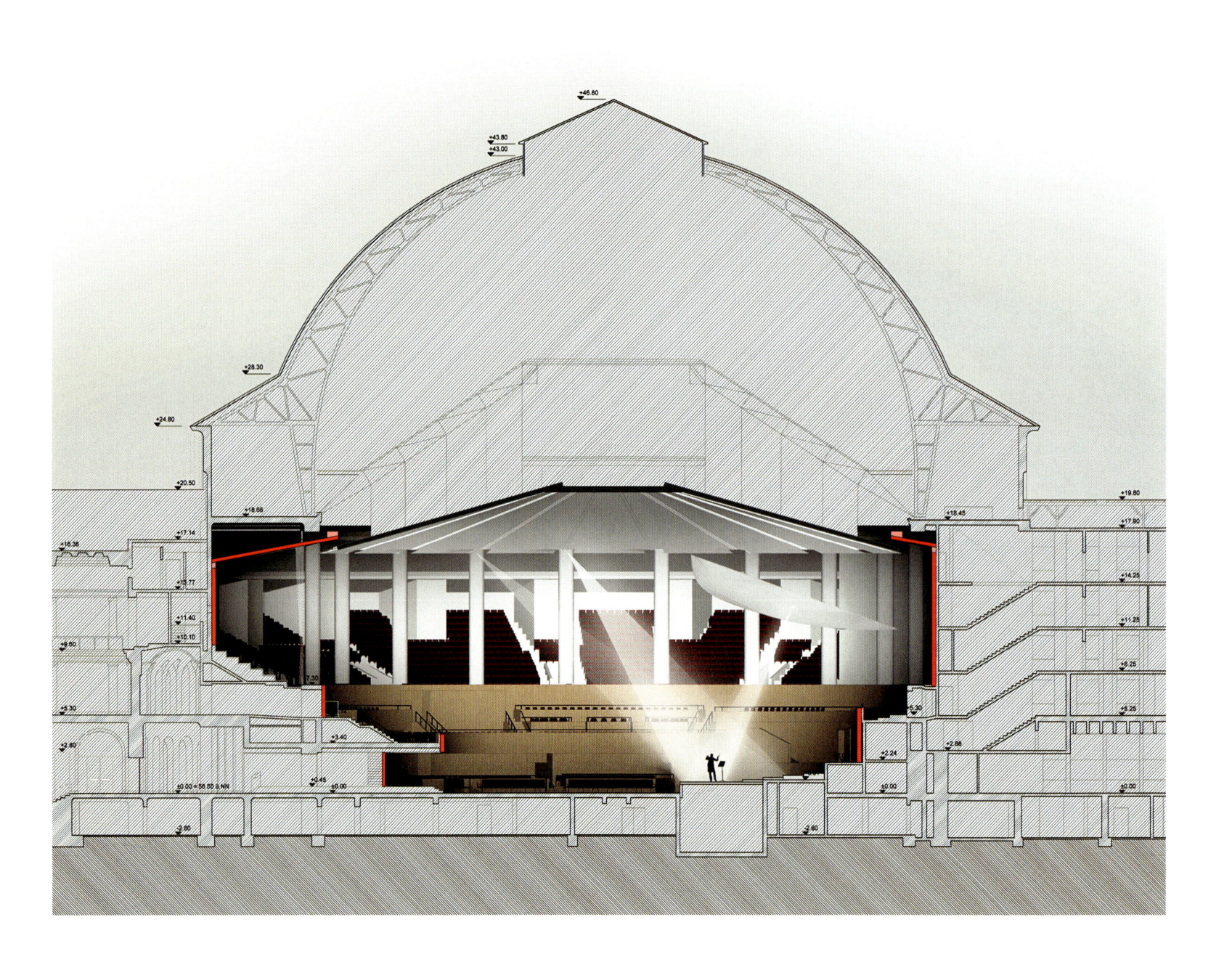

77 Längsschnitt Stufe 1

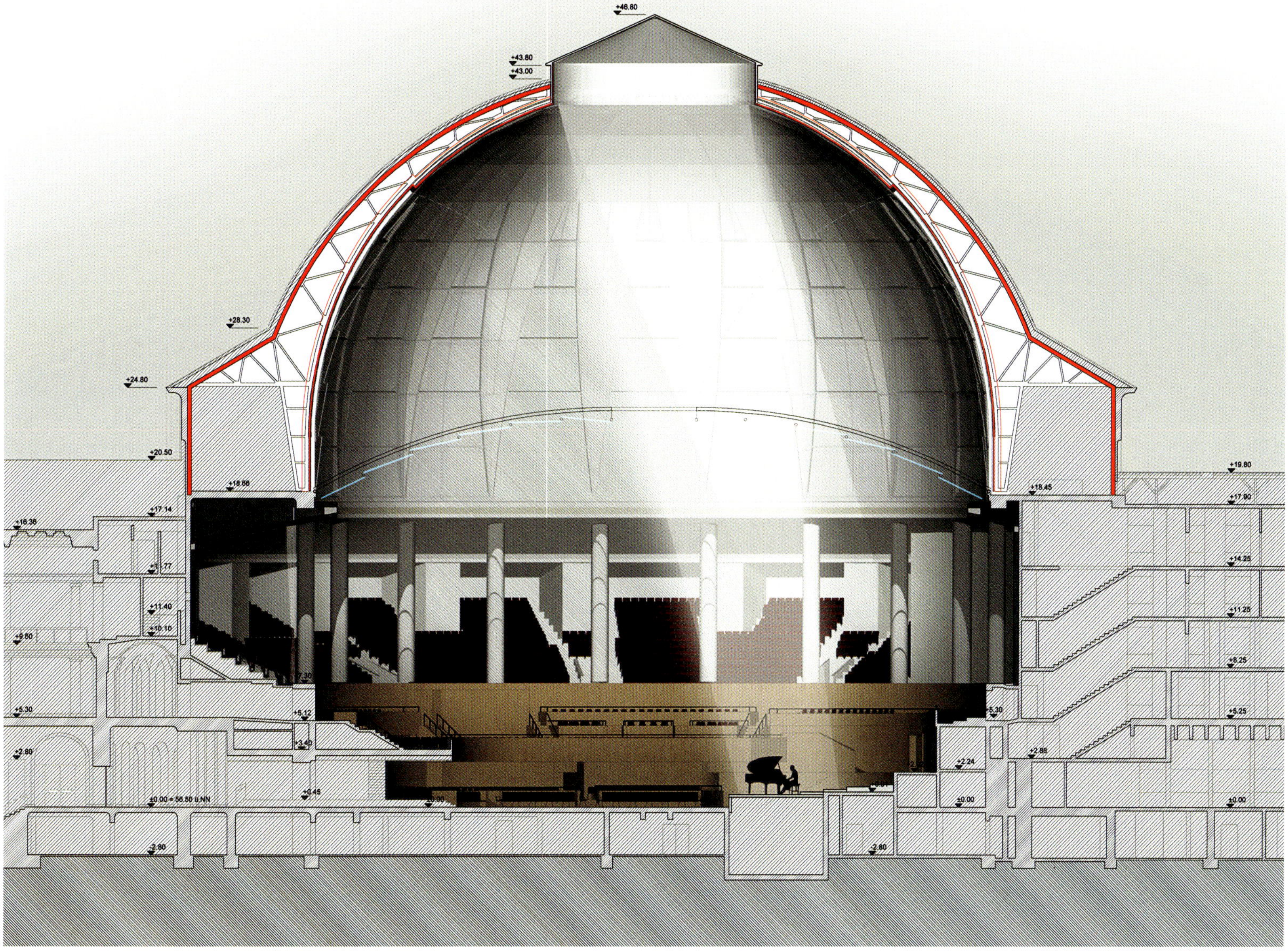

79 Querschnitt Stufe 2 | Nutzung Kongress

ARCHITEKTUREN

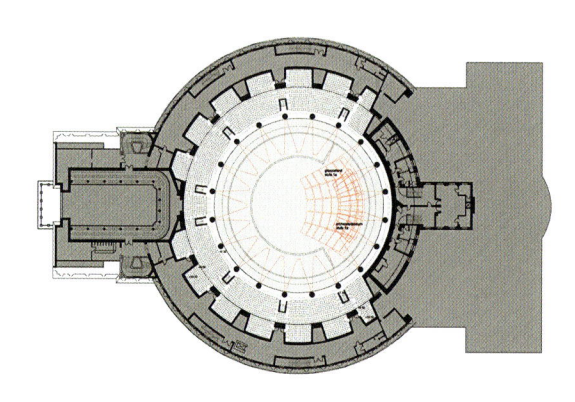

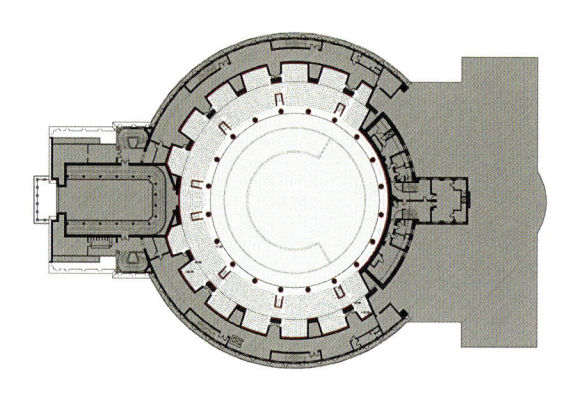

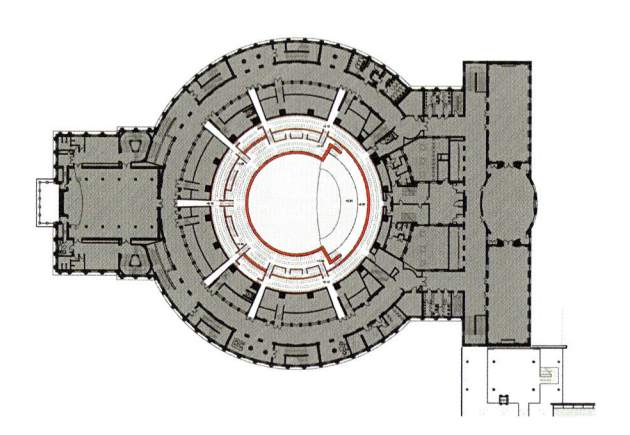

80 Grundriss 2. Obergeschoss, Stufe 2
81 Grundriss 2. Obergeschoss, Stufe 1
82 Grundriss 1. Obergeschoss

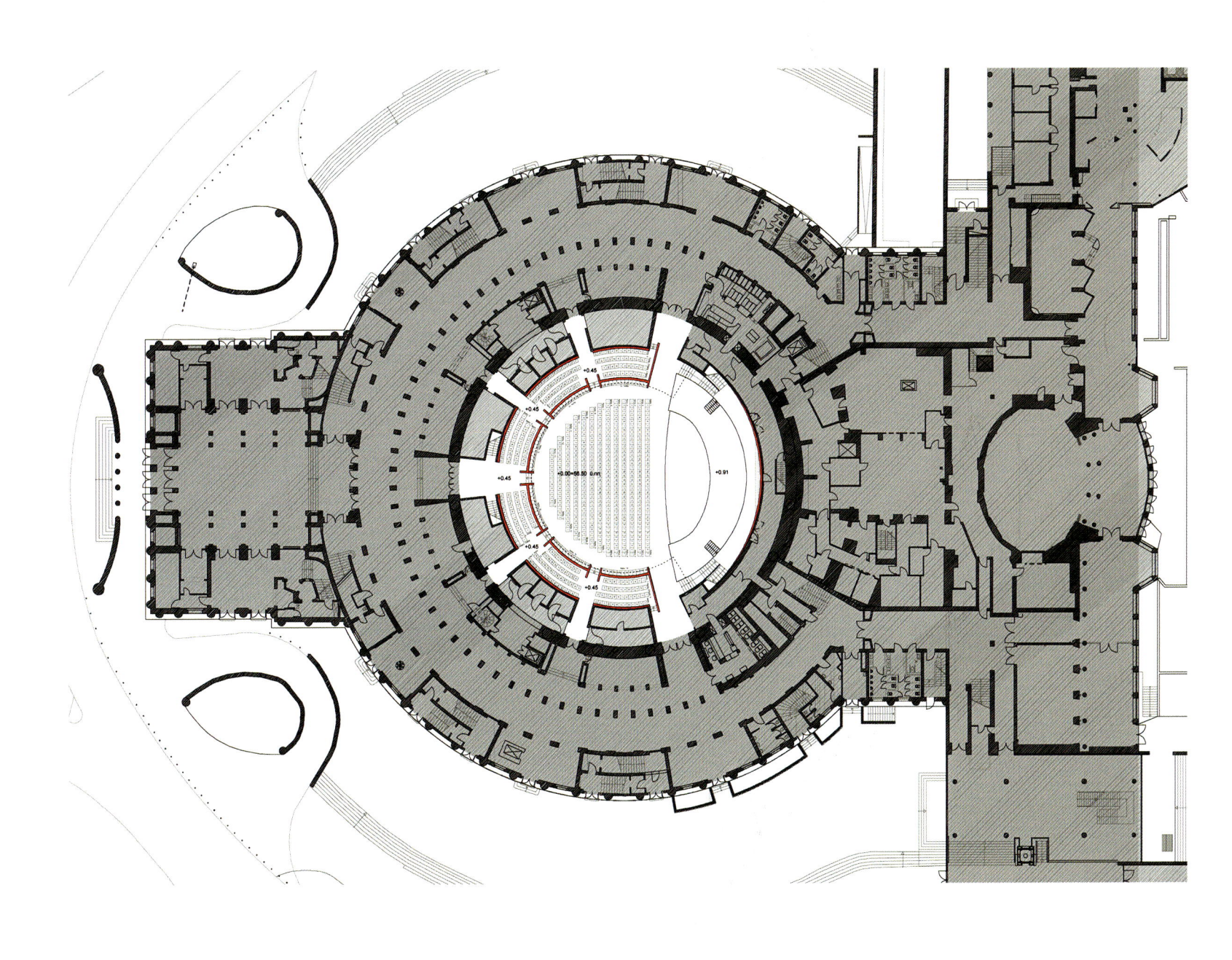

83 Grundriss Erdgeschoss

ARCHITEKTUREN

ANHANG

Autoren, Bibliografie, Bildnachweis, Impressum

ANHANG

Dr. Veit Görner ist seit 2003 Direktor der kestnergesellschaft. Er lebt in Hannover und Stuttgart. Veit Görner hat in Tübingen Sozial- und Erziehungswissenschaften und in Stuttgart Kunstgeschichte studiert. 2005 promovierte er an der HBK Braunschweig. Er ist seit 1984 als Kurator für zeitgenössische Kunst tätig, unter anderem für den Verein Archiv e.V. Stuttgart, das Künstlerhaus Stuttgart (dessen Direktor er von 1987 bis 1990 war), das Skulpturenprojekt „Platzverführung" in der „KulturRegion Stuttgart" (gemeinsam mit Rudi Fuchs, 1991/92), das „Henry Moore Institute" in Leeds (1995) und die Biennale in Sao Paulo (1996). Von 1995 bis zu seinem Wechsel zur kestnergesellschaft war Veit Görner Kurator am Kunstmuseum Wolfsburg.

Dr. Doris Appel-Kölmel studierte Kunstgeschichte in Köln und Göttingen und promovierte über die Stadthalle Hannover. Sie besitzt Kinos und einen Filmverleih, publiziert Architekturkritiken und übernimmt kunsthistorische Führungen im Buchheim Museum der Phantasie, Bernried. Im Verlag Zweitausendeins ist sie verantwortlich für Kunstdokumentationen. Unter ihrer Leitung wurde in Leipzig die Stadtvilla des Kunstmäzens Fritz von Harck (erbaut 1896) denkmalgerecht renoviert. Sie ist Vorsitzende der Förderer des Museums der bildenden Künste Leipzig.

Dr. Ing. Birte Rogacki ist seit 2008 wissenschaftliche Mitarbeiterin am Institut für Geschichte und Theorie der Architektur an der Leibniz Universität Hannover. Daneben arbeitet sie als freie Bauhistorikerin und Bauforscherin und hat in dieser Funktion viele hannoversche Denkmale begutachtet und untersucht. Dabei ist das Hannover Congress Centrum (ehemals Stadthalle Hannover) seit 2010 ein Schwerpunkt ihrer Untersuchungen. Infolge des Gutachtens über den Gesamtbau wurde für die Stadthalle die Einordnung zum „Kulturdenkmal von nationaler Bedeutung" durchgesetzt; es folgten historische Untersuchungen zum Wirtschaftstrakt des HCC, der Terrassenanlage, zum Stadtpark und zuletzt zum Kuppelsaal.

Prof. Jörg Friedrich ist freier Architekt mit Büros in Hamburg, Genua und seit 2014 in Rom. Sein Architekturstudium absolvierte er in Stuttgart und Rom. Er leitet seit 2000 die Abteilung Entwerfen und Architekturtheorie an der Leibniz Universität Hannover; Gastprofessuren u.a. in Genua, Mendrisio und Rom. Er realisierte Bauten und Projekte in Deutschland, Österreich, Polen, Italien und in der Schweiz. Sein Schwerpunkt liegt in den Bereichen Theaterbauten, Konzertsäle und Opernhäuser. Er erwarb zahlreiche Architektur- und Kunstpreise.

Dipl.-Ing. Christoph Borchers studierte Agrarwissenschaften in Berlin und Valencia sowie Architektur in Braunschweig und Hannover. Seit 2012 ist er wissenschaftlicher Mitarbeiter in der Abteilung Entwerfen und Architekturtheorie an der Leibniz Universität Hannover. Er lebt in Hannover und arbeitet als freier Architekt.

Dipl.-Ing. Annett Mickel-Lorenz ist seit 2012 wissenschaftliche Mitarbeiterin in der Abteilung Entwerfen und Architekturtheorie an der Leibniz Universität Hannover. Nach ihrem Architekturstudium in Berlin und London arbeitete sie in verschiedenen renommierten Architekturbüros und ist seit 2008 als freischaffende Architektin in der Bürogemeinschaft LORENZUNDMICKEL Architekten tätig. Von 2008 bis 2011 forschte sie im Graduiertenkolleg „Kunst und Technik" an der HafenCity Universität Hamburg am Institut für städtebaulichen Entwurf Prof. Paolo Fusi. Seitdem ist das Thema der „Ortsidentität in der Architektur" einer ihrer Forschungsschwerpunkte.

Dipl.-Ing. Gernot Kubanek ist seit 1992 als beratender Ingenieur im Bereich der Akustik und Bauphysik tätig und leitet das Ingenieurbüro ISRW Klapdor mit 32 Mitarbeitern. Seit 2004 doziert er an der Donauuniversität in Krems (AT) sowie dem Leonardo Campus in Münster. Forschungsschwerpunkte liegen im Bereich der Raumakustik mit den Schwerpunkten Konzertsaal- und Theaterbauten sowie dem nachhaltigen Bauen; Projekte in Deutschland, Luxemburg, Spanien, Frankreich, England, Italien, Norwegen, Polen, Österreich, in der Schweiz sowie in Russland, den USA, Malaysia, Saudi-Arabien und Libyen.

Dipl.-Ing. Oliver Thiedmann ist seit 2011 als wissenschaftlicher Mitarbeiter in der Abteilung Entwerfen und Architekturtheorie an der Leibniz Universität Hannover tätig. Er studierte Architektur an der Leibniz Universität in Hannover, schloss 2010 mit seinem Diplom ab und arbeitete anschließend in Hannover als Architekt. Im Jahre 2012 eröffnete er das Architekturbüro otconcepts. Neben der Architektur ist das Büro auch im Bereich der Projektentwicklung tätig.

Dipl.-Ing. M.Arch Simon Takasaki ist seit 2011 wissenschaftlicher Mitarbeiter in der Abteilung Entwerfen und Architekturtheorie an der Leibniz Universität Hannover und Dozent für Digitales Gestalten am Institute for Architectural Design Prof. Staab an der TU Braunschweig. Nach seinem Architektur- und Städtebaustudium in Kiel, Berlin und London arbeitete er von 2005 bis 2011 international als Design Architekt und Design Director für progressive Büros in Berlin, Wien, London und Peking und gründete 2011 das Simon Takasaki Architecture + Research Studio in Berlin. Er ist Gastkritiker an der London Southbank University, dem Royal College of Art London, der TU Berlin und der Universität Innsbruck und lehrte im Jahr 2010 Städtebau an der TU Braunschweig. Seine Arbeiten wurden bereits international publiziert und ausgestellt, unter anderem auf der Architektur Biennale in Venedig und im Museum of Modern Art in New York.

Birte Rogacki **HCC – Stadthalle Hannover – Kuppelsaal: Der Raum des Jahrhunderts**

***A**bbruch und Aufbau zugleich – Die Arbeiten im Kuppelsaal der Stadthalle haben begonnen* (1961). In: Hannoversche Allgemeine Zeitung, 12.04.1961

Apell-Kölmel, Doris (1987): *Die Stadthalle Hannover. Ein Bau von Paul Bonatz und Friedrich Eugen Scholer in seinen architektur- und stadtgeschichtlichen Zusammenhängen.* Göttingen

***D**ie Stadthalle in Hannover* (1914). In: Der Baumeister, 08/1914, S. 113-121, Tafel 169a

Egidi, Arthur (1915): *Die Orgel der Stadthalle zu Hannover.* Berlin

***F**estbuch zur Einweihung der Stadthalle in Hannover am 10., 11. u. 12. Juni 1914* (1914). Hannover

Hildebrandt, Hans (1915): *Innenräume der Stadthalle zu Hannover.* In: Moderne Bauformen, Monatshefte für Architektur und Raumkunst, S. 27–32

***L**icht aus dem Schallreflektor – In 4 Wochen: Generalprobe mit Gerhard Gregor* (1961). In: Hannoversche Presse, 17.06.1962

***R**iesen-Ring für die zweite Kuppel* (1961). In: Hannoversche Presse, 11.10.1961

Rogacki-Thiemann, Birte (2010): *Die hannoversche Stadthalle im Wiederaufbau – Der Kuppelsaal und eine Historie seiner Akustik.* In: Hannoversche Geschichtsblätter N.F. 64/2010, S. 171–182

Rogacki-Thiemann, Birte (2010, unv.): *Gutachten zu Kuppelsaal und seiner Akustik*

Rogacki-Thiemann, Birte (2011, unv.): *Gutachten und Befundbücher zu den Räumlichkeiten der Stadthalle Hannover* (als Grundlage für die Entwicklung der denkmalpflegerischen Leitlinie)

Rogacki-Thiemann, Birte (2013): *Die Stadtparksauna in Hannover.* In: Hannoversche Geschichtsblätter N.F. 67/2013, S. 3–16

***S**chmuckstück der Technik – Raffinierte Leckerbissen im neuen Kuppelsaal/Stühle verschwinden im Boden* (1962). In: Hannoversche Presse, 20./21.10.1962

Spengemann, Chr. (1914): *Die neue Stadthalle in Hannover.* In: Illustrirte Zeitung, Leipzig 18.6.1914

Tönjes, Max (1914): *Die Stadthalle in Hannover*, in: Niedersachsen, 19/1914, S. 463

***W**ieder Kuppelsaal mit 4000 Plätzen* (1961). In: Hannoversche Allgemeine Zeitung, 10.02.1961

Doris Apell-Kölmel **Die Entstehungsgeschichte des Kuppelbaus – Ein Pantheon für Hannover**

Apell-Kölmel, Doris (1989): *Die Stadthalle Hannover. Ein Bau von Paul Bonatz und Friedrich Eugen Scholer.* Hannover

Apell-Kölmel, Doris (2005): *Ein Pantheon für Hannover – Die Stadthalle von Paul Bonatz und Friedrich Eugen Scholer 1910/14.* In: Paul Bonatz (1877–1956) *Bauten und Projekte im Norden.* Delmenhorst. S. 59ff.

Aschenbeck, Nils (2005): *Monumente eines kleinen Staates – Paul Bonatz´ Landtag und Staatsministerium in Oldenburg von 1908/16.* In: Paul Bonatz (1877–1956) *Bauten und Projekte im Norden.* Delmenhorst, S.40ff.

Bartezko, Dieter (2010a): *Der Geist will nicht in die Flasche zurück.* Interview mit Christoph Ingenhoven. In: Frankfurter Allgemeine Zeitung, 23.08.2010

Bonatz, Paul (1950): *Leben und Bauen.* Stuttgart

Bonatz/Scholer (1910): Bonatz, Paul und Scholer Friedrich E.: *Erläuterungen des Wettbewerbsentwurfs von 1910.* In: Deutsche Bauzeitung 44/1910, S. 511

Borgmann, Thomas (2010): *Stuttgarter Kaufhaus Schocken. Eine fünfzig Jahre alte Sünde.* www.stuttgarter-zeitung.de/inhalt.stuttgarter-kaufhaus-schocken-eine-fuenfzig-jahre-alte-suende.71d11515-605d-41a8-ac21-110472b3e1e7.html abgerufen 3.6.2014

Fischer, Theodor (1906): *Was ich bauen möchte.* In: Der Kunstwart XX/1906, S.5ff.

M.A.T. (1910): *Die Stadthalle.* In: Hannoversches Tagblatt, 15.7.1910

Scholer, Friedrich (1913): Vortrag vor dem Württembergischen Verein für Baukunde. In: Deutsche Bauzeitung 47/1913, S. 202

W (1913): Vortrag Friedrich Scholer. In: Ztschr. VAI, Bd.2, 1913, S. 114

Jörg Friedrich **Neue Philharmonie in Hannover – Plädoyer für eine zukunftweisende Rekonstruktion des Kuppelsaales**

Hannover Congress Centrum HCC (Hg.) (2014):1914–2014: *Hundert Jahre HCC – Impressionen eines Jahrhunderts.* Hannover

Paonessa, Ivana (Hg.) (2011): *pfp-architekten jörg friedrich – theaters.* Berlin

Christoph Borchers, Annett Mickel-Lorenz **Stadtbild und Stadtidentität – Die Kuppel im Stadtkörper von Hannover**

Apell-Kölmel, Doris (1989): *Die Stadthalle Hannover. Ein Bau von Paul Bonatz und Friedrich Eugen Scholer.* Hannover.

Knocke, Helmut; Böttcher, Dirk (2007): *Hannover - Kunst- und Kultur-Lexikon. Handbuch und Stadtführer.* Springe.

Kostof, Spiro Konstantin (1992): *Das Gesicht der Stadt. Geschichte städtischer Vielfalt.* Frankfurt/Main.

Löw, Martina (2008): *Soziologie der Städte.* 1. Aufl. Frankfurt am Main.

Röhrbein, Waldemar R. (1979): *Hannover, so wie es war.* Düsseldorf.

Siebel, Walter (Hg.) (2004): *Die europäische Stadt.* 1. Aufl. Frankfurt am Main.

Urban, Andreas; Auffarth, Sid (2011): *Stadtbilder. Hannovers Moderne 1900-1939.* Hannover: Historisches Museum (Schriften des Historischen Museums Hannover, Bd. 40).

Institutionen

Niedersächsisches Landesamt für Denkmalpflege: 3
Archiv der Bauverwaltung: 14
Historisches Museum Hannover: 6, 16, 21, 28, 37, 38
Landeshauptstadt Hannover: 52
Landeshauptstadt Hannover, Bereich Geoinformation: 7, 8, 9
Leibniz Universität Hannover, Fakultät Architektur und Landschaft, Abteilung Entwerfen und Architekturtheorie Prof. Jörg Friedrich: 36, 48, 49, 50, 51
Fotos: Heiner Leiska | www.leiska.de: 2, 53, 54, 55
Fotos: Ernst-Udo Hartmann und Jane Heidemann: 56, 57
Llahde-Fiedler, Hanne; Wolf, Reinhard (2010): *Hannover City 2020+. Die Entwicklung der Stadt.* Hg. v. Landeshauptstadt Hannover, Der Oberbürgermeister, Baudezanat. Hannover: Autoren Karten: mbup + Christiane Axer mit Machleidt + Partner + bup büro urbane prozesse: 32, 33
Stadtarchiv Hannover: 5, 10, 17, 18, 20, 23, 25, 26, 27, 34, 35
Abbildung Umschlag : Innenraum 1914, Foto: Edmund Lill, bearbeitet von Tolga Bulutcu

Private Leihgeber

Auer Weber Architekten: 58, 59, 60, 61, 62, 63, 64, 65, 66
Friedrich, Jörg: 1
Hirche, Bernhard: 19
HPP Architekten: 67, 68, 69, 70
Kubanek, Gernot: 39, 40, 41, 42, 43, 44, 45, 46, 47
PFP Architekten: 71, 72, 73, 74, 75, 76, 77, 78, 79, 80, 81, 82, 83
Rogacki, Birte: 11, 15

Reproduktionen

Appel- Kölmel, Doris (1989): Die Stadthalle Hannover - Ein Bau von Paul Bonatz und Friedrich Eugen Scholer, Hannover: 24
Ilkosz, Jerzy (Hg.) (2006): *Die Jahrhunderthalle in Breslau - das Werk Max Bergs.* München: 29
Jansen, Hermann (Hg.) (Augustheft 1914): *Der Baumeister - Halbmonatshefte für Architektur und Baupraxis.* XII. Jahrgang, Heft 21, Berlin: 4, 22
Nowel, Ingrid (1998): *London- Biographie einer Weltstadt.* Köln: 30
Reudenbach, Bruno (1979): *G.B. Piranesi - Architektur als Bild - Der Wandel in der Architekturauffassung des achtzehnten Jahrhunderts.* München: 31

© 2014 by jovis Verlag GmbH
Das Urheberrecht für die Texte liegt bei den Autoren.
Das Urheberrecht für die Abbildungen liegt bei den Inhabern der Bildrechte.

Alle Rechte vorbehalten.

Herausgeber: Jörg Friedrich, Annett Mickel-Lorenz, Christoph Borchers
Abteilung Entwerfen und Architekturtheorie, Fakultät Architektur und Landschaft
Leibniz Universität Hannover
http://www.friedrich.entwerfen.uni-hannover.de/

Redaktion: Jörg Friedrich, Annett Mickel-Lorenz
Bildredaktion: Christoph Borchers
Gestaltung: Kathrin Schmuck \ Bucharchitektur
Lektorat: Philipp Sperrle, jovis Verlag
Herstellung: Susanne Rösler, jovis Verlag
Mitarbeit: Oliver Thiedmann, Simon Takasaki, Peter Haslinger, Marion Knobloch, Lesley-Anne Fischer, Povl Filip Sonne-Frederiksen, Julian Falko Johann
Lithografie: Bild1Druck, Berlin
Druck und Bindung: GRASPO CZ, a.s., Zlín

Bibliografische Informationen der Deutschen Nationalbibliothek
Die deutsche Nationalbibliothek verzeichnet diese Publikation in der Deutschen Nationalbibliografie; detaillierte bibliografische Daten sind im Internet über http://dnb.ddb.de abrufbar.

jovis Verlag
Kurfürstenstraße 15/16
10785 Berlin

www.jovis.de

ISBN 978-3-86859-341-9